《劳动经济与人力资源研究丛书》

编委会名单

代人员测评理论与实务

劳动经济与人力资源研究丛书

◎主　编　宋奇成　龙　健
◎副主编　洪　英　刘苓玲
朱　军

四川大学出版社

责任编辑：张春燕
责任校对：周　颖
封面设计：石　征
责任印制：曹　琳

图书在版编目(CIP)数据

现代人员测评理论与实务 / 宋奇成，龙健主编. —成都：四川大学出版社，2002.8（2008.5 重印）
（劳动经济与人力资源研究丛书）
ISBN 978-7-5614-2458-2

Ⅰ. 现… Ⅱ. ①宋…②龙… Ⅲ. 企业管理：人事管理－人员测评工程 Ⅳ. F272.92

中国版本图书馆 CIP 数据核字（2002）第 063777 号

书名　**现代人员测评理论与实务**

主　编	宋奇成　龙　健
出　版	四川大学出版社
地　址	成都市一环路南一段 24 号 (610065)
发　行	四川大学出版社
书　号	ISBN 978-7-5614-2458-2
印　刷	郫县犀浦印刷厂
成品尺寸	140 mm×202 mm
印　张	8
字　数	201 千字
版　次	2002 年 8 月第 1 版
印　次	2019 年 1 月第 17 次印刷
定　价	25.00 元

◆读者邮购本书，请与本社发行科联系。
电话：(028)85408408/(028)85401670/(028)85408023　邮政编码：610065
◆本社图书如有印装质量问题，请寄回出版社调换。
◆网址：http://press.scu.edu.cn

总　　序

1996年前，当重庆工学院（时下是“重庆工业管理学院”）的老师们出版《人力资源研究丛书》（第一辑）并邀请我为该丛书作序的时候，我欣然允诺并作序。自那套丛书出版后，他们勤于耕耘，取得了一大批丰硕的研究成果。为了检阅他们的科研成果，他们于今年又出版了丛书的第二辑，并更名为《现代劳动经济与人力资源研究丛书》。

从丛书第一辑到第二辑的出版相隔6年。这期间，我国的经济体制由计划经济向市场经济转变，经济增长方式由粗放经营向集约经营转变，经济社会发生了重大转型。在这6年间，重庆工学院的老师们，紧紧围绕我国经济改革和经济发展中重大的现实问题，特别是劳动经济与人力资源的开发、利用及管理的重大问题，潜心研究。《劳动经济与人力资源研究丛书》就是他们在这一时期研究成果的集中展示。

统计资料表明，近年来在国际刊物发表的经济学论文中，金融学和劳动经济学论文占了将近一半。这说明，金融学和劳动经济学在这些年来是理论界最感兴趣的两个领域。但是，在我国，劳动经济学文献却相对要少得多。甚至可以说，劳动经济学在我国至今仍然是一个相对“冷门”的专业。在我看来，造成这种现状的原因是多方面的，但最主要的原因不外乎两个：研究方法上的原因和研究内容上的原因。

就研究方法而言，长期以来我国对劳动经济问题的研究注重规范、忽视实证。这导致我国劳动经济学多年来在理论上没有根本的进展，甚至在20世纪90年代初许多的学者为中国劳动经济学的出路感到迷茫。可喜的是，我国劳动经济理论界充分认识到自身的缺陷，开始重新补课、学习并引入西方现代劳动经济学理论，从而出现了一批以西方劳动经济学理论为重要内容的译著、专著、教材。到20世纪90年代末，学术界基本上重新构建了我国劳动经济学体系。劳动经济学的博士点、硕士点也在部分大学出现。这些成绩值得肯定，但是还说不上显著。因为，真正结合中国劳动经济问题，由严格遵循科学规范的研究成果还很少。比如在国外，利用微观计量经济学工具和大型的微观数据库对劳动经济学进行研究已经是一个常见的工作（2000年诺贝尔奖得主之一的赫克曼，就是将微观计量经济学用于劳动经济问题研究的杰出代表）；但是在中国，利用微观计量方法和微观数据研究劳动经济问题的文献基本上还处于空白阶段；在国外，在研究雇佣行为时大量使用博弈论，并发展出了不少模型；但在我国，基本上还没有将博弈论大量引入雇佣行为研究，也没有相应的理论模型。

就研究内容而言，国外的劳动经济学研究不仅涉及劳动力市场、就业与失业、人力资本、劳动力市场制度等问题，也涉及开放经济中的劳动力市场问题和企业内部劳动力市场问题，并建立了相应的一些模型。比如说，以 E.P.Lazear 教授为代表的 Personnel Economics，作为劳动经济学的一个分支，直接将劳动经济学理论运用到工商管理领域，对于指导企业的人力资源管理也有非常重要的意义。据有关统计，近年来，Personnel Economics 这一分支的文献在劳动经济学文献中占了1/4的比例，因此是一个值得注意的发展方向。又比如说，在经济全球化、一体化的浪潮中，如何改革劳动力市场以跟上经济发展的步伐，国外学术界也正在着手研究，这一领域的研究对于已经加入 WTO 的中国，意义同样非常重大。但是，我国目前的劳动经济研究内容仍集中在就业与失业、人力资本、劳动力转移、收入分配等问题的研究上，对于许多同样值得研究的问题，比如雇佣体系、内部组织、激励机制、社会保障与劳动保护、开放条件下的劳动力市场等，国内劳动经济学术界的研究相当缺乏。

劳动经济学虽然相对“冷门”，但是我们仍然看到许多主流经济学家和劳动经济学家正在为中国劳动经济学做出贡献。中国社会科学院、中国人民大学、东北财经大学、复旦大学、浙江大学等研究机构和高校的学者在中国的就业、收入分配、劳动力转移、社会保障、人力资本产权等领域都做出了较有影响的研究成果。

此次出版的《劳动经济与人力资源研究丛书》，则是重庆工学院长期从事该领域教学和研究的学者们对我国劳动经济研究献上的又一份礼物。该套丛书的出版，对于丰富我国劳动经济与人力资源管理文献将做出非常积极的贡献。这套丛书有这样几个特色：一是联系中国实际问题，其中有些著作实际上就是对中国劳动经济问题中的某些问题进行研究的成果；二是主要进行“问题导向”的应用研究，使劳动经济学理论与现实应用结合起来（这是否与 Personnel Economics 的思想不谋而合?）；三是注重利用现代经济学、管理学理论方法和工具展开研究。由于是面向解决现实问题的应用研究，这套丛书对微观计量、博弈论等现代工具应用较少，在学术思想方面原创性不多，但是其在理论介绍和应用方面的论述仍然站到了前沿，从而使这套丛书具有非常显著的现实针对性。这套丛书，对我国劳动经济学与人力资源的研究文献，将是一大丰富。

希望重庆工学院的学人们继续努力，选择劳动经济学的

“冷”问题和中国的现实问题进行研究，创造出更多更好的著作。也祝愿中国劳动经济学在中国劳动经济学人的努力下，硕果辉煌。毕竟，中国处于一个大发展的时代背景，为我们展开相应的研究提供了非常之好的环境和机遇。

是为序。

劉偉白

2002年3月30日

目　　录

第一篇　人员测评基础

第二篇　人员测评技术

第三篇　人员测评实务

第一篇　人员测评基础

第 1 章
绪　　论

在以知识经济为主要特征的21世纪，人力资源的开发利用将是新经济最宝贵的原动力之一。人员测评，在人力资源开发与管理中又起着举足轻重的基础性作用。这种基础性作用，表现在两个层面上：认知人、评价人。认知人是解决员工“能干什么”的问题，即员工具备哪些素质、能力以及企业关心的其他品质；评价人是解决员工“干得怎样”的问题，即员工的工作结果、工作绩效是否达到预定目标。这些涉及到三个重要概念：素质测评、能力测评和绩效评估。人员测评，正是三者的有机统合。当然，对于人员测评在国内外的发展概况进行了解也是必要的。

1.1　人员素质测评

人员素质测评是现代企业管理中一门新兴的学科，在人力资源管理和素质教育中起着举足轻重的基础性作用。它既是人力资源配置利用的起点，又贯穿于人力资源管理的各环节；同时，它还具有相对的独立性，具有特殊的涵义、功能和原则。

1.1.1　素质的概念

素质一词，古已有之。《文选·张华·励志诗》中即有“虽劳朴质，终负素质”，意指本质。也就是说，事物现象是由本质所决定，而人的行为则由素质决定。其后，不同学者、不同学科对素质又有不同的解释。

1．素质的心理学含义

《简明心理学辞典》对素质的解释是："素质，又称天赋，是个人生来所具有的解剖生理特点。这些特点是通过遗传获得的，所以也叫遗传素质。主要指神经系统、感觉器官、运动器官的特性，其中脑的特性尤为重要。"我国心理学家曹日昌则认为素质是"有机体天生具有的某些解剖和生理的特性，主要是神经系统，脑的特性以及感官和运动器官的特性"。

素质还有以下一些涵义。其一，生理素质。以上论述无一例外地断定，人的素质只是人的"生理特点"，它不包括心理素质，更不包括现在人们经常提到的思想素质、道德素质和文化素质。其二，先天素质。作为人的生理特点，素质是"天赋"，是"遗传"，即所谓"天生具有的"，"生来所具有的"，它不包括后天实践活动中形成和发展的生理特征。其三，个人素质。作为先天的解剖生理特点，素质主要是指个人所具有的，一般不包括群体素质，如国民素质、民族素质等。

综上所述，素质在心理学论著中其完整的涵义就是：个人生来所具有的解剖生理特点。

2．马克思关于素质的论述

马克思认为，人既是劳动的前提，也是劳动的结果。人的素质就其主要方面而言，它是劳动的产物，历史的产物，即使是先天的生理素质也无不受到后天劳动的影响，通过劳动而得到改善。正如马克思所说，生产不仅为主体生产对象，而且为对象生产主体，"消费生产出生产者的素质"。既然人的素质是劳动的产物，那么十分自然，人的素质的内容就不仅仅局限于人的生理方面，一切由于劳动活动而得到提高和改善的人的特征都应属于人的素质的范畴。恩格斯认为，人的心理也属于人的素质的范畴，而且在心理素质方面人和人是不平等的。在批判杜林的抽象空洞的平等观时，恩格斯说："两个舟破落海的人，漂流到一个孤岛上，组成了社会。他们的意志在形式上是完全平等的，而这一点也是两个人都承认的。但是在素质上存在着巨大的不平等，A果断而有毅力，B优柔、懒惰和萎靡不振；A伶俐，B愚笨。"

在《黑格尔哲学批判》中，马克思写道，人的素质"不是人的胡子、血液、抽象的肉体的本性，而是人的社会特质。……实际上，是人的一切社会关系的总和"。

3. 本书理解的素质观

参照上述学者、学科的解释，同时基于人员素质测评的特点，我们把素质界定在个体范围内，素质是指个体在完成一定活动与任务时所具备的基本条件和基本特点，是行为的基础与根本因素。它包括生理素质、心理素质等方面。

素质是个体完成任务，形成绩效及继续发展的前提。一个有成就、有发展潜力的个体，首先要有优良的素质，因而素质对行为与发展也具有基础性作用。比如，一个直觉情感型的人更容易成为出色的诗人、音乐家或剧作家，而富有理性思维的人则更容易成为一个数学家或科学家。

1.1.2 素质的特征

根据上述有关素质的范围界定和概念描述，素质具有以下一些特征：

1. 素质的基础性

素质是人的活动形成和发展的基础。在现代企业人力资源的开发利用中，我们首先要从素质的培养、考评做起。

2. 素质的稳定性

素质是作为高度统一的个体行为与特点系统中稳定的结构因素，人的素质一旦形成就会以比较稳定的形式表现和反映出来，在时间上虽然偶尔间断，但总体上却是持续的；在空间上虽然有时相异，但总体上却是一致的。素质所表现的这种持续性与一致性，可总括为素质的稳定性。

3．素质的可塑性

个体的素质是由遗传、环境与个体能动性三个因素共同作用下形成和发展的，并非天生不变，因而具有一定的可塑性。不健全的素质可以健全起来；成熟的素质也许会退化萎缩；缺乏的素质，可以通过实践和学习获得不同程度的补偿；一般性的素质，可以训练成为特长素质。

4．素质的内在性

素质虽然是任何个体身上的一种客观存在，但却是看不见、摸不着的东西，具有其隐蔽性与抽象性。

5．素质的表出性

素质虽然是内在的与隐蔽的，但它却会通过一定的形式表现出来。行为方式、工作绩效与行为结果（包括工作产品在内）都是素质表现的主要媒体与途径。个体的每种素质一般都表现在具体而实在的行为方式、行为产品与工作绩效之中，这也正是素质可以测评的前提之一。

6．素质的差异性

个体间的素质是存在差异的，这种差异表现于每个人的行为方式、行为产品与工作绩效之中。无论是同一个体的各种素质比较还是不同个体的同一素质比较，皆有“横看成岭侧成峰，远近高低各不同”的效果。

7．素质的综合性

同一个体的各种素质、同一素质的各种成分，都是作为高度统一的有机体存在于个体之中。它们相互联系、相互依存，统一作用于行为方式、行为产品与工作绩效之中。素质的综合性，还表现在素质对行为所辐射出的共同性、普遍性与全时空性。因此对任何一个人与任何一种素质的测评，都不应该凭一时一事而断言，应该依据所有的行为表现进行综合评判。

8. 素质的可分解性

素质对个体行为辐射出的综合性与全时空性，并不排斥认识上对它的可分解性。任何个体的素质都不是单一的，它是一个复杂的系统。我们要想在特定时空中去同时把握所有的素质，只有先从素质的表现媒体中逐一地去认识单个的素质，然后再去把握整体的素质。

9. 素质的层次性与相对性

每个人的素质具有不同的结构层次，有核心素质、基本素质与生成素质等不同的层次区分。核心素质是基本素质的基础，基本素质又是生成素质的基础。

此外，在素质结构中，素质是与水平相区别的。素质的优劣表现为水平的高低，但水平决不是素质，然而这又不是绝对的。基本能力水平的高低，相对实际能力来说，却又是一种素质。因为基本能力水平的高低，直接决定了实际能力的大小。

1.1.3 素质的构成

素质的构成，是指素质结构的基本划分，包括基本成分、因素与层次。个体素质一般划分为身体素质与心理素质两大类。

身体素质是指个体的体质、体力和健康状况的总和。良好的身体素质是其他一切素质发展与事业成功的生理基础。

心理素质包括智能素质、品德素质、人格素质、文化素质等。心理素质是个体发展与事业成功的关键因素。美国著名心理学家特尔曼曾对800名男性成人进行过绩效测评与心理测验，发现其中成就最大的20%与成就最小的20%两组人之间，最明显的差别是他们的心理素质的差异。成就最大组在兴趣、谨慎、自信、开拓进取、不屈不挠和坚持性方面，明显地高于成就最小组。因此，心理素质测评应成为我们测评的重点。

心理素质中的智能素质，包括观察力、想像力、记忆力和思维力。人格素质，指人们所具有的个体独特的、稳定的对待现实的态度和习惯化的行为方式。品德素质包括政治品质、思想品质、道德品质与其他个性品质。文化素质包括文化的广度与深度以及工作生活的经验。心理健康与创新意识，是衡量一个具体人才身心发展的综合素质指标内容，它在21世纪及未来社会的人才素质测评中居于重要地位。上述素质构成体系如图1.1所示。

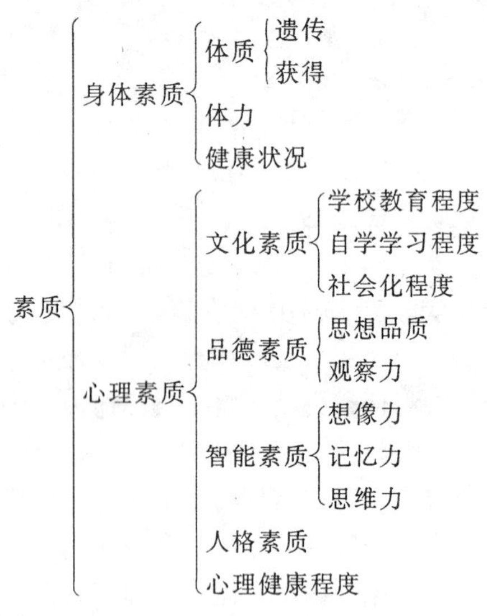

图1.1　素质构成体系

1.1.4　素质测评

1. 素质测评的概念

在人力资源管理活动中，纯粹探讨素质的概念是没有意义的。其目的是通过对人员潜在的或外显的素质如思想品质、人格特征、浊能水平等方面进行客观的测试和评鉴，从而尽可能准确而全面地知人、识人，最终科学合理地配置、利用和开发人力资源。

所谓素质测评，是指通过科学的手段和方法，对人员素质及其功能行为进行定量描述和评鉴的过程。作为一种管理手段，素质测评要求以尽可能少的人力、物力、财力，去获得尽可能全面的测评信息，公正、客观、准确、迅速地鉴别被测人员的各方面素质，为各行业的人事决策和人力资源开发提供依据。

人员素质的测量和物质测量并不完全一样。物质测量是用直接的测量方法，人员素质测量则用间接的方法。人员素质（智力、性格、文化知识等）是存在于人体之中的基质，其本身是不能直接测量的。但智慧、性格、品质等素质状态及其功能是通过人的行为表现出来的，而行为及其行为结果首先表现为一种社会现象，社会现象是可以标度的。如果我们把人的素质特征赋予明确的含义、标准或操作定义，就可以通过对人的行为及其行为结果的测定，去间接地测量人的素质特征。因此，素质测量是对被测量对象即人的智力、能力、个性、品质等所表现出来的可测因素进行的一种间接测定。例如一个小孩说话很生动，应对很得体，记忆力、判断力很强，我们就可以说他天赋智力高，这就是凭他的语言、应对、记忆、判断等行为，间接估量他的智力的结果。

总之，人员的素质特征是抽象的，却是客观存在的，并能显示程度上的差别。因而，我们可以把它量化，并从行为的表现上间接测量到这些特征的特性。事实上，间接测量的方法在进行物质测量时也可采用。

2. 素质测评的功能

第一，甄别和评定功能。这是素质测评最直接、最基础的功能。所谓甄别评定是指对人才素质状况优劣、水平高低的鉴别和评定。甄别是测量个体间的素质差异，评定是衡量受测者的素质构成及其成熟程度，看其是否达到预定标准。用来比较的标准通常有两种形式：一种是存在于测评对象之外的客观要求，例如人员任职资格标准；另一种是存在于测评对象之间的“常模”标准，例如干部选拔测评中所依据的标准，常常是“高个之间选高个”，前一个“高个”便成了测评中的“准常模”。

第二，诊断和反馈功能。诊断与反馈，二者是相互联系、相辅相成的功能。诊断是指通过测评，找出被测者素质构成及发展上的问题及不足。反馈是指根据测评结果提供调整和改进测评对象素质缺点的信息，分析其缺点和不足及产生的原因，提出诊断意见和对其素质优化的开发方案，帮助克服缺点，发扬优势，推动其素质全面发展。因此，素质测评有助于测评者对于人力资源管理全过程的掌握，对于人力资源开发的效率与效果有全面而细致的了解，从而使测评者或被测者掌握人力资源开发的不足与问题的所在，了解与掌握人力资源开发的进程及素质形成的情况。

第三，预测和激励功能。预测功能是指通过对人才素质现有状态的鉴别评定，它可以推测其素质发展的趋向。这种预测的有效性取决于人才素质特征的稳定程度。激励功能，是指通过对人才素质的诊断和反馈，使受测者增强进取心，促使其勤奋学习，努力工作，尽快尽好地掌握一定的知识和能力，充实完善自我，通过不同途径培养提高自己，立志成为对国家、对社会的有用人才。测评中的这种导向作用就是激励，当素质测评的评定功能单独发挥时，仅表现为激励作用；当它与预测功能结合发挥时，就表现为选拔作用。

3. 素质测评的不足

当前，人员素质测评这项技术活动已广泛应用于企业人力资源管理中。但是，在实际工作中素质测评与绩效评估相互脱节。素质测评仅是一种静态的结果反映，要利用好素质测评这项技术，还必须随时对其进行检验、调整。而绩效评估则是对素质测评的最好检验。依据素质测评结果进行人员的甄选、配置，依据绩效状况做出及时的调整，二者的有机结合将有助于从根本上解决人力资源的合理开发与利用。遗憾的是，脱节的现象在实际工作中屡见不鲜，因而产生不良的结果。

1.2 员工绩效评估

如果说素质测评可以针对任何人进行的话，绩效评估则只能局限在特定的范围。只有担当一定工作或任务的人才有业绩、效益可言，富余人员（指企业业多余的人员）或隐性失业者是没有绩效可言的。因此，绩效评估就是通过对组织个体成员完成工作的结果或履行职务的情况进行考察、评判，确认每位员工的能力水平、工作业绩和效益，从而为公正、科学、高效、合理的人事决策（例如配置、薪酬、升迁、培训等）提供信息支持。不仅如此，具有较高信度和效度的绩效评估，对于维护员工的公平感、促进竞争机制建立、辅助员工职业生涯规划也都有积极影响。

1.2.1 绩效及其特征

1. 绩效的含义

绩效是指工作主体在一定时间与条件下完成某一任务所取得的业绩、成效、效果、效率和效益。一个人的工作绩效可以在很大程度上反映其自身的各项素质，它也是个人素质与工作环境相互作用的结果。

绩效的表现形式多种多样。一般来说，主要体现在以下三个方面。第一，工作效率。包括时间、财物、信息、人力及其相互结合利用的效率。第二，工作任务完成的质与量。包括工作（学习）中取得的数量与质量。第三，工作效益。包括工作（学习）中所取得的经济效益、社会效益与时间效益。

2. 绩效的特征

客观性。绩效是人员主体行为的结果，是目标（任务）的完成程度，因而它是客观存在的，并不是观念上的东西。这意味着通过一定的方法可以对绩效进行考察、度量，并转化为相应形式的信息以资利用。

效果性。一个人工作有没有绩效，首先要看他在工作任务完成之后，取得了多少效果，取得了多好的成果。效果性从某种程度上来说，它是绩效的外观形式。如果在工作任务完成之后，不能以一定的绩效形式让人感觉与认识工作者所取得的成绩，绩效就无法被人认同。

效率性。一个人工作绩效如何，除上述情况外，其次要看他是如何取得的，是投入大于产出，还是投入小于产出。如果投入大于或等于产出，那么，取得的工作成果最多最好，也可能难以被人认同。

效益性。一个人工作绩效如何，要看所取得的工作成果能不能给自己、给他人、给集体、给社会带来一定的利益。这些利益包括经济利益、时间利益、工作利益、物质利益、精神利益、生活利益等。如果取得的工作成果最后对人对己对社会都毫无利益，那么这种绩效也就没有意义。因此，绩效的分析必须坚持效益原则。

此外，一个人的工作绩效，是其自身条件与素质在具体时空条件下的综合反映，是素质与工作对象、工作条件等相关因素相互作用的结果。因此，绩效会随着时间、空间、工作任务及工作条件（环境）等因素的变化而变化。绩效的变化性与绩效的稳定性并存，实在性与潜在性并存，功用性与价值性并存，客观性与主观性并存。因此，进行绩效分析时还应该多角度、多主体、多层次、多时空的综合分析。

1.2.2 绩效评估的概念和作用

每个员工在不同工作岗位，都会取得一定的工作业绩。问题是，这些业绩同他所在职位的要求匹配吗？不同员工完成相同任务时的效率和质量又有多大的差异呢？即使是相同的业绩，在不同的时间、不同的环境，对组织对社会的效益也是有差异的。因此，在人力资源的利用和开发中，必须对员工的工作业绩进行客观的描述和定性的评价，区分每位员工对于组织的价值，从而确定员工的最佳配置、报酬待遇和培训计划，激发员工为组织做出更大的成绩。这一系列的人事活动，就是接下来要讨论的绩效评估。

1. 绩效评估的定义

所谓绩效评估，是指运用各种科学的方法，对员工在一定时期内所完成本职工作或履行职务的质量、数量、效率、效益等绩效情况，进行考核和评价的人事活动。绩效评估包括考核和评价两个环节，二者相互依存。考核为评价提供事实依据，只有基于客观的考核基础上的评价才是公平合理的；而评价是考核的自然延伸，只有通过评价，考核结果才能得以运用，才能体现考核的价值。考核结果本身只是一些数据或信息，纯粹为考核而考核是毫无意义的。

绩效评估的目的，一是确认员工个体的绩效品质，如工作的质量和数量状况，完成任务的效率，工作结果对组织的价值等等；二是确认相同岗位或同一能级的员工之间的绩效差异，即对员工的工作结果进行比较；三是试图找出影响员工业绩的因素和提高业绩的方法，从而为员工的职业发展和组织目标的实现提供有益的帮助。

2. 绩效评估的作用

绩效评估是人力资源管理的重要环节，它的意义在于通过公平合理的评价手段来确定每位员工对组织的贡献，并以此为依据进行人事决策，提高人力资源的利用效率。具体而言，有以下一些作用：

第一，为人力资源的配置和利用提供依据。一个人的能力有大小，在人员配置上要量才适用。素质测评提供的只是静态的显示结果，能力最终还得转化为业绩，转化为效益。作为对素质测评的延续和补充，绩效评估是人力配置的实际检验标准。根据能级对应原则，在人员的利用方面，也应该通过人员绩效评估来确认员工的优势、弱势和能力发挥情况，进而做出人员的录用、任免、升迁、调配等决策。

第二，为薪酬管理提供依据。员工的劳动报酬必须同他的工作业绩挂钩，这是薪酬设计的基本原则。而个人的工作业绩是不断变化的，由此决定了薪酬的调整；这种调整又应该及时、准确地反映员工工作绩效，因而绩效评估是薪酬设计的根本依据。

第三，为人员培训提供方向。由于绩效评估对个人素质、能力以及工作方式方法具有显示和鉴别作用，因而绩效评估机构可以为被测人员提供有关是否需要培训、需要哪些方面的培训的建议，甚至可以与他们共同拟定业绩提升计划或培训计划等等，从而加强培训工作的针对性和有效性，这也是辅助员工作职业生涯规划的一种途径。

第四，有利于提高企业的综合管理水平。通过绩效评估，不仅可以找出影响员工业绩的内外部因素，而且可以促进上下级之间的关系，可发现企业在各个管理环节的一些漏洞，促进管理水平的提高。同时，还有助于个人目标和组织目标的协调，增强员工的成就感，提高组织成员的士气，营造良好的组织氛围。

1.2.3 绩效分析方法

绩效分析方法，因工作性质不同而有所不同。

1. 产品分析法

这种绩效分析方法，以一定工作产品为分析单位，对绩效进行分析。其分析的内容一般包括：

产品数量。指在一定时间内生产或完成的单位产品数量（个数、件数等）。

产品质量。指在一定时间内生产或完成的正品或次品率。

例如，在职称评审中论文发表的篇数与所刊登论文的报刊级别；排字工人每小时排版的字数与差错等均属于产品分析法。

2. 时间分析法

这种方法是以工作者实际劳动的时间单位对绩效进行分析。

其分析的内容一般包括：

在岗时间。用于工作岗位上的劳动时间，包括准备、休息与工作间隔时间。

实作时间。用于完成任务的操作时间，不包括准备、休息与工作间隔时间等非工作性时间。

例如，教师工作量的分析，通常以课时与小时两种单位来分析。教师工作考勤则是从反面形式，即缺勤时间来分析工作绩效的。时间分析法一般适用于非产品性工作绩效或合作性产品工作绩效的分析。所谓合作性产品工作绩效，是指任何一件产品的完成都不是单个人所能完成，必须由多人合作。

3．经济分析法

这种方法是以货币为单位来分析绩效的，分析的内容包括：

产值。在工作任务完成后所获得的货币量值（包括折算值）。

利润。在工作过程中产出货币量与投入货币值之差。

节约。在工作过程中通过降低投入而获得的货币量值。

例如，销售部人员的绩效分析常采取货币量形式分析；仓库保管员的绩效分析，则常采取物品损耗的货币量值形式分析。

4．事故分析法

它可从绩效的反面，即工作中发生的工伤事故或造成的损失量来分析工作绩效。分析的内容包括事故的次数与严重程度，如列车员的绩效常以安全行车多少天或多少公里无事故来分析。

5．相关分析法

它可通过一些与工作绩效间接相关的指标对绩效进行分析的一种方法。例如工资增加的比率与频率、职务晋升的速度、奖金获得的多少、奖惩情况、主管的评价结果等。

6．比较分析法

它可通过对工作者工作情况与结果的直接比较而分析绩效大小的一种方法，这种方法一般适用于一些非生产性的管理人员的绩效分析。

1.3 人员测评

1.3.1 人员测评相关概念

人员测评是指运用先进的科学技术和手段，对社会各类人才所具有的知识水平、能力及其倾向、发展潜力、工作技能及绩效，实施测量和评价的管理活动。

人员测评作为一门科学，又是一种技术，其实施对象不是抽象的人，而是作为个体存在的人及其内在素质，以及在整体活动中表现出来的绩效。其测评方法也已包含在其概念中，即测量与评鉴。

所谓测量，即是依据一定的法则将人的各项素质要素衡量成一具体数字，从而用数字方式对人的素质进行描述。英国心理学家史蒂文（stevehs，1951 年）曾给测量下过这样的定义，即："广义来讲，测量就是依据一定的法则给事物指派数字和符号。"这一定义概括了物理测量、社会测量的基本特性，具有以下三个基本含义：

1. 法则

它是引导我们进行测量的准则或规则，是测量中最重要的部分，法则制定的科学与否关系到测量质量的高低。

2. 数字或符号

在测量时，我们用数字代表不同内容，是测量对象量的表现，作为符号的数字（1，2，3，4 或Ⅰ，Ⅱ，Ⅲ，Ⅳ）本身没有量的意义，它在测量中常被量化之后使用，我们才赋予它以量的意义。

3. 事物属性

一般说来，事物是我们所要测量的对象，实质上是指事物的属性或特征。

所谓评鉴，则是用数学的方法确定测量对象的相对价值及存在意义。一般是通过数字对人的行为进行描述并针对于这种描述而对行为的价值进行判断，其中包括定量描述、权衡、价值判断三个要素。

测量与评鉴既有区别，又有联系。其区别在于：测量是定量分析，评鉴是定性分析。前者是客观性描述，后者是主观性判断。其联系在于：测量和评鉴的对象是同一个个体素质要素及绩效的质与量的两个方面，也就是量值和价值，前后两者互为一体，相辅相成。测量是评鉴的前提和基础，评鉴是测量的目的和归结。

1.3.2 人员测评的对象和内容

如前所述，人员测评的一般对象是作为个体存在的工作人员(劳动者)。在实施测评时则主要考察人员素质、能力、绩效结构三个方面的特征，这些测评内容包括：

1. 素质特征

主要测量和评价工作人员的思想品质、人格特征、智能水平、文化水平、身体状况等。

2. 能力特征

主要测量和评价工作人员的实际工作表现及所处的环境条件，如一般能力、特殊能力、能力倾向和工作能力等。

3. 绩效特征

主要测量和评价工作人员的工作业绩，如工作数量与质量、工作效率、工作效益等。

1.3.3 人员测评的作用

就现代人员测评的作用来说，主要有两个方面：一方面是针对组织机构的，另一方面则是针对个人而言的。

1. 人员测评对于组织的意义

第一，有助于人力资源状况的全面普查。一个组织对自身人力资源状况的了解，对于人力资源管理是很重要的。现代人力资源状况的普查不仅包括传统的自然信息，还包括人员的能力水平和个人特点等心理素质方面的信息，也可以通俗地称之为建立人员的"心理档案"。从人员的"心理档案"中，可以得到很有价值的素质状况信息，从而便于在人事管理中实现人职匹配。另外，从一个组织的总体"心理档案"资料中，还可以分析出现有人员的总体能力结构和特点，从而有利于对组织的运作情况进行诊断，为提出新的管理决策提供依据。由此可见，现代人员测评在人力资源普查中具有独特作用。

第二，有助于人才的选拔与配置。运用现代人员测评技术，可以全面了解人的素质状况，从而做到因事择人、人职匹配。当组织需要从外部招纳人才时，可以通过人员测评来掌握应聘者的素质状况，从而择优录用，给组织带来更大的经济效益。当组织内部需要做出人员调整时，人员测评还可以作为这种调整的重要参考依据，从而有利于人尽其才，才尽其用。

第三，为人员培训提供诊断性信息。现代人才测评技术可以对人员的素质状况进行具体诊断，就像医生通过血液化验对病人的身体状况进行诊断一样，可以知道哪些方面比较强，哪些方面比较弱，从而可以制订其相应的人力计划和开发战略。

第四，为团队建设提供依据。团队建设越来越受到各级各类组织的关注，一个好的团队不是一个一个成员的简单相加，其工作成效将远远大于每个成员工作成效之和。而要建设一个好的团队，首先其成员之间的素质匹配要合理，凝聚力要强，这也有赖于现代人员测评。举个例子来说，如果一个团体中有两个成员都很想成为"一把手"，那么就容易产生冲突和权利之争，这样的团队战斗力将会大受影响。又比如说，团队成员的异质性会影响团队的战斗力，通常团队异质性越大，战斗力越强。这里的异质性包括能力、态度、兴趣、个性、年龄等多个方面。

2．人员测评对于个人的作用

第一，有利于个人择业。现代人员测评可以帮助个体了解自己，认识自己的长处、兴趣、潜能，从而更好地选择职业，在社会中寻求自己的位置。

第二，有利于自我发展。常言道："人最难的莫过于认识自己。"一个人对自己的认识经常是不全面的，现代人员测评能使每个人更客观的认识自己的素质与职业倾向，知道自己的优势在哪儿，缺陷在哪儿，从而在实践中尽量扬长避短，合理设计自己的职业通道，更好地实现自我发展。与此同时，每个人还可以在必要的时候针对自己的缺陷，选择并接受相关的学习、培训。

1.4　人员测评的发展概况与趋势

对人本身的认识，几乎与人类的产生是同步，而真正运用心理学、管理学、人才学的科学方法来测试和评鉴人才，是在20世纪初才出现，因而人员测评是一门既古老又年轻的学科。

1.4.1　人员测评在欧美的兴起与发展

1．人员测评的起源（比奈智力测验）

世界上第一个具有应用价值的心理测验，是法国心理学家比奈（A.Binet）的智力测验（intelligence test）。19世纪末，法国教育部召集许多医学家、教育学家和其他科学家组成一个委员会，专门研究对公立学校的智力落后儿童进行特殊教育的问题，研究的首要问题是如何对智力落后儿童进行鉴别。当时，还没有一种可靠的方法对智力落后进行定义和区分。比奈作为该委员会的委员之一，他一直致力于对智力测量的研究。

1905年，比奈的比奈－西蒙智力量表发布。它是一项个体测验（individual test），采用智力年龄（mental age）的概念，即为每一个年龄（段）确定出难度最适宜的题目（即该年龄恰好有60%的被测者能完成的题目），用被测者所能完成的最大难度的题目所对应的年龄，作为该被测者的智力年龄，以此对照其实足年龄（chronological age）来说明其智力发展水平的高低。例如，比奈认为完成前9题是正常3岁儿童的平均水平；完成前14题是正常5岁儿童的平均水平；完成题目越多，说明该被测者的智力水平越高。对于一名3岁儿童，如果他能完成前14题，就说明他具有5岁儿童的智力水平。根据比奈的智力年龄，后来人们引入了智商的概念，把（年龄）智商（Intelligence Quotient，缩写为IQ）定义为智力年龄除以实足年龄的商，再乘上100，以避免小数位存在，并容易理解。其公式为

$$IQ=\frac{\text{智力年龄（MA）}}{\text{实足年龄（CA）}}\times 100$$

例如，一个10岁零6个月的儿童最高通过了12岁年龄组的题目，那么他的智力年龄MA即为12岁，而他的实足年龄CA为10.5岁，那么他的智商即为

$$IQ=\frac{MA}{CA}\times 100=\frac{12}{10.5}\times 100=114$$

20世纪中叶，美国著名心理学家、斯坦福大学教授推孟（Terman）提出了离差智商的概念。将实际测量的分数和本年龄组的平均分数以标准差为单位进行比较，也就是说，以标准差为单位来计算测验分数偏高平均数的方向和程度，这就是离差智商（deviation IQ）。这个概念一直沿用至今，需要说明的是，这个智商不再是对智力的绝对意义上的度量，其分数本身并不能说明智力的实际高低，它只是一个相对值，表明一个人的智力水平相对于和他同类型的人群群体的平均水平所处的高低位置。

继1905年比奈-西蒙智力量表发表之后，随后又产生了1908年比奈—西蒙量表、库尔门－比奈量表（1912年）、斯坦福-比

奈量表（1916年）以及二三十年代的中国-比奈量表等多项智力测验。直到今天，智力测验的版本数量众多，而且更为精确和全面。智力测验也不再局限于对儿童的测量，而包括了成年人甚至老年人。应用的范围也从过去的教育领域扩展到各种行业，尤其是在企业、军事和医学界。

2. 人员测评在欧美的发展

心理测量兴起于20世纪初，早在20年代进入狂热时期，40年代达到顶峰，50年代后逐渐转向稳步发展时期。在心理测量的发展过程中，一贯重视应用的美国心理学界可以说是心理测量应用的主要推动力量。尤其是在20年代，心理测验在美国军事和工业领域的广泛应用促使了心理测验研究的迅速发展。

1917年，美国决定参加第一次世界大战。美国心理学会认为心理测验可以帮助军队对官兵进行选拔和分派，他们主张在选拔官兵和分派任务时，必须考虑到他们的一般智力水平。实际上，这就是主张把心理测验运用于军队中的人才选拔。欧提斯(Aotis)曾编制了纸笔智力测验，十分适合于团体施测，其中的多项选择题和其他客观题都是首次采用。这项测验后来被编制修订成著名的军队 α 和军队 β 测验，即陆军甲种测验和陆军乙种测验，前者为文字测验，后者为非文字测验。1914年3月至1919年1月期间，共有200多万名官兵接受了测验，为该测验的建立积累了大量的数据。战后，由于陆军甲种测验和陆军乙种测验的成功实施，使心理测验在社会上的应用更为广泛，以至于在20年代出现了心理测验应用狂热的现象，心理测验被普遍用于职业咨询、工业部门及军事领域的人才选拔和安置工作等方面。

除智力测验外，在一战期间被广泛应用的心理测验还有人格问卷。世界上第一个标准化的人格问卷——武德沃斯（R.S. Woodworth）编制的“个人资料调查表（Personal Data Sheet）”，就是专门鉴别那些不能从事军队工作的神经症状患者的需要而设计的。该问卷包括一些与常见的神经症状有关的116个问题，由被测者以“是”或“否”的方式回答，对每个症状问题回答“是”，记1分，问卷总分是所报告的症状得分的总和。

除军事领域外，心理测量技术在美国工业领域的应用也十分普遍。1921年，卡特尔(J.M.Cattell)、桑代克（E.L.Thorndike）和武德沃斯等著名心理学家建立了第一个较大的心理测验公司，将心理测验向社会推广。1922年，美国文官服务委员会成立了以奥罗克（L.J.Orouke）为领导的评估研究小组，将心理评价技术引入到文官考试制度中。1927年，第一个职业兴趣测验（斯特朗男性职业兴趣量表出版）广泛应用于职业选择、人才选拔等领域。20世纪50年代，美国电话电报公司曾对几百名管理人员候选人进行测试，随后将结果密封，8年后对直接提升经理者进行核对，结果有64%在预测之内。据美国人力资源协会有关资料报道，发达国家曾有50%的企业是通过人才测评选拔应聘者。

几十年来，西方人才测评思想和方法日新月异，开发了名目繁多、内容丰富的测评技术，主要有智力测验、能力测验、性向测验、成就测验、情景模拟等。这些技术客观科学，在欧美各国得到广泛应用。现在无论政府机关选拔公务员，还是公司企业录用新员工，或个人进行职业生涯设计均要实施严格的测评。

1.4.2 古代中国的测评思想与方法

中国作为世界闻名的文明国度，历史文化悠久辉煌。在长期的社会进步中，结合广泛且卓有成效的实践，积累了丰富的人才测评操作经验。主要有以下几种方法：实践鉴别法、自然观察法、反馈试探法、民意考核法等。对其论述如下：

1. 实践鉴别法

这种方法是指在实践中鉴别人才素质的优劣，其核心是根据“实绩”来作为选拔、衡量或使用人才的标准。据《吕氏春秋·谨听》记载：“去尧恶得贤天下而试舜，舜恶得贤天下而试禹。”说的是舜禹在未行天子职位时，已被试用于处理社会公共事务的重职，经过试用考验合格，方可被正式禅位。墨子也主张，对人的考核要“听其言，观其行，察其所能”。而《周礼·地官·司徒》篇说得更明确，用人要“考其德行，察其道艺”。王充主张“以九德检其行，以事效考其言”(《记衡》)。王安石认为考察测评人才，不能仅靠道听途说或“私听于一人之口”，而应多对被举者“审知其德，审知其才”，同时还要“试之以事”。

2. 自然观察法

孔子在中国最早提出人才测评的观察原则，他主张要从平常现象入手去测评人才。他说：“众恶人，必察焉；众好人，必察焉。”根据观察原则，孔子拟定了七种测试方法，涉及七项内容：忠诚、礼仪、能力、智慧、气节、品性和操守。这七种方法分别是：“远使之而观其忠，近使之而观其敬，烦使之而观其能，卒然问焉而观其知，告之以然而观其节，醉之以酒而观其性，委之以利而观其守”。孔子提出的通过观察测评人才素质的七种方法，实际上是以事件为背景用实验测评的方法。即事先设定典型环境来考察人的品行、志趣、才能等。这种方法在当时的人才选拔中得到了广泛的应用，并为后人提供了升华发挥的思想基础。

3. 反馈试探法

这种方法是向被测者输入一定信息，利用控制论原理，观察其得到这一信息的反映，从而进行评鉴。诸葛亮是三国时期著名的政治家、军事家，关于人才的考察甄别，他见解独到，研究精深，提出了“七观”法，其内容涉及：志、变、识、勇、性、谦、信。这七项考察内容测试方法分别为：“问之以是非而观其志，穷之以辞辩而观其变，咨之以计谋而观其识，告之以祸难而观其勇，醉之以酒而观其性，临之以利而观其廉，期之以事而观其信”。

4. 民意考核法

在古代人才选拔活动中，虽有人提出“不以舆（群众舆论）识人”的主张，但在多数典籍及实践中仍强调民意的重要性。《子路》篇中，子贡问孔子：“乡人皆好之，何如?”子曰“未可也”，“乡人皆恶之，何如?”子曰：“未可，不如乡人之善者好之，其不善者恶之。”管仲也提出了一套“访乡设问”的考核程序：即“访问乡里，参其成事，设问国患”。就是说第一步要遍问其乡里，看他的所作所为，究竟做成功了哪些事，然后把本人请来，问他对国家目前尚未解决的难题有何意见，考察其智谋深浅。

1.4.3 近现代中国的人才测评

早在1900年，北京大学的前身——京师大学堂，当时由于洋务思想的存在，西学在学堂也具有一定影响，这时便开始有了心理学课程和标准化的心理学课本。蔡元培先生曾于1908年—1911年、1912年—1913年两度在科学心理学之父，德国莱比锡大学冯特（Wundt）教授的指导下学习“实验心理学”，了解这门西方人发明的、研究人心理世界的学问。1917年，蔡元培执掌北京大学不久，便在北京大学建立了中国第一个心理学实验室，宣告了中国科学心理学的正式诞生。著名社会工作者邹韬奋等人也在上海、南京、武汉、济南等地开展“一星期职业指导运动”，他编译了《职业智能测验法》、《职业指导》，刘湛恩编译了《职业自审表》曾轰动一时。随后，西方心理测验的著述及心理测量量表陆续译介过来，部分学者着手编制本土化的心理测验，其中包括心理学实验室第一任主任陈大齐（后曾任北京大学代理校长）、蒋梦群（后曾任北京大学校长）等。

1916年樊炳清首先介绍了比奈－西蒙量表。1922年费培杰将比奈－西蒙量表译成中文，并在江苏、浙江两省的一些中小学试测。1924年燕京大学的心理学家、曾出任燕京大学校长的陆志韦先生发表了经修订的比奈－西蒙量表，这就是中国最早的标准化的比奈智力测验。1936年陆志韦与吴天敏合作，再次修订该量表。这时制定的量表已较为成熟，对我国当时的教育事业做出了很大的贡献，并且对中国心理测量领域的发展起到较大的促进作用。随着心理学和心理测量在中国的发展，人们也开始在人才评价、职业介绍中使用有关方法。早在20世纪30年代，已经出现了一些职业介绍所，开始一些最简单的心理测量或诊断方法进行人才评价或职业介绍。虽然当时的技术很不完善、系统，使用的程度和规模也极有限，但这毕竟是人才测评在中国最早的开端。

1979年，北京大学心理学系的吴天敏教授开始对中国的比奈量表进行第三次修订，对第二版的量表作了较大的修改，对部分题目进行了增删，并于1982年发表了测验的第三版。第三版的中国比奈量表仍是个体施测的测验，题目按难度排列，适用对象年龄范围扩大到2岁至18岁，基本上每岁3道题，共51道题。同时在计分上，不再采用年龄比率智商，而是采用离差智商。该修订本的最佳使用年龄为小学至初中阶段。

1986年，我国着手改革传统的人才选拔制度，在继承传统考核工作这一宝贵经验的基础上，开始实行考试录用制度，如采用知识测试、面谈答辩、情景模拟和心理（个性）测量等多种现代技术手段，如劳动部开发职业技能鉴定技术，人事部人事考试中心组织开发企业管理人才测评系统，中国人民大学研究《职业设计与择业指导》课题，建立了符合国人特点的《个性与职业适应性测量表》，取得了较好的社会效益。

1992年后，我国的人才测评迎来了大发展。随着改革开放的深化，外资企业为中国带来了先进的管理思想、观念和技术，推动了人才测评在人事管理中的应用。一批组织与管理心理学家、心理测验专家开始关注和着手心理测验在人事管理中的应用，一批有中国自主知识产权、体现中国特色、适用于中国企业的心理测验相继问世。同时，也出现了一批专业机构，从事相关的咨询和实务。例如，北京溙来猎头事务所、泰来人力资源评价中心是北京最早的一家从事猎头业务，并把心理测验用于人事选拔、评价的民间机构，它的规范、严格，与国际接轨的业务程序和技术为其在业界赢得了良好的声誉。科学人事测量也得到了各级政府的重视，深圳是最早把人才素质测量评价纳入政府行为的地方。深圳市于 1996 年成立了“企业高级经理人才评价推荐中心”，规定市属国有、中型企业的正副董事长、正副总经理都要经过中心的测评，合格后持证上岗。2000 年 3 月，重庆市面向全国公开选拔 27 名厅局级干部时，采用了纸笔测试、情景模拟、结构化面试等方法。这一切都标志着在人才测评作为科学的方法成为人事测量主体的时代已经到来。

本章重要概念和术语

素质测评　绩效评估

人员测评　智力测验

第2章
人员测评原理

2.1 人员测评的理论基础

人员测评的理论基础是建立在对人员测评中带有普遍意义的客观规律的反映，是指导人员测评的理论依据。它是在综合了哲学、心理学、行为科学、系统科学、领导科学、应用数学、模糊数学等学科研究成果的基础上，在人员测评的实践历程中不断总结和发展起来的。

2.1.1 人员测评基本原理

人员测评的理论基础主要有：个体差异原理、测量与评定原理、定性与定量原理、静态与动态原理、模糊与精确原理等等。

1. 个体差异原理

个体差异可归结为两个方面：一个是个性倾向差异，即需要、动机、兴趣、信念等方面的差异；另一个是个性心理特征差异，即气质、性格的差异（亦称人格差异）以及能力的差异。例如，一般情况下，青年人对新生事物反应敏感，有锐气，而中年人比较稳健，老年人相对却比较保守；在操纵能力方面，无论是速度还是准确性，女性的能力会有不如男性。由此可见，人和人之间客观存在着个体差异，只有摸清了人员的个体差异，才能客观地、合理地进行人员测评。这是人员测评的前提条件。

2. 职位类别差异原理

社会分工决定了相对应的职位分类，而不同类别与级别的职位所承担的工作内容、工作责任、难易程度及其资格要求在客观上是不尽相同的，它们对任职者有不同的要求，也对人员测评提出了客观要求。

3．测量与评定原理

如前所述，测量和评定是人员测评活动中相对应的两个方面，它们既相互联系又相互区别。测量是评定的基础，评定是测量的继续和深化。没有准确客观的测量，就不会有科学合理的评定；离开了科学合理的评定，即使有准确客观的测量，也难以正确测评人员的素质。这两者是一个统一的，不可分割的有机整体。

4．定性与定量原理

定性是对人与事的本质属性进行鉴别与确定；定量是通过数学形式来描述人员素质的特征。定性通常注重质的方面，而定量通常注重量的方面。定量是定性的基础，定性则是定量的出发点和结果。定量只能作为阐明定性的客观基础，定性也只能作为定量的前提和归宿。定性与定量原理的实质就是通过人事管理的丰富经验与数学方法相结合，使测评标准和计量方法有机地统一起来，提高人员测评在质与量之间的一致性。

5．静态与动态原理

在进行人员测评时，既要考察人们在一定的稳定情况下的行为，又要考察在动态条件下的行为；既要保持测评手段和方法的相对稳定性，又要注意测评手段和方法的动态发展性，即把稳定与发展变化有机地结合起来。

6．模糊与精确原理

模糊是指由于概念外延的不明确性而引起的判断上的不确定性；精确是指对事物判断的确定性。人员测评就是模糊与精确的统一。在人员素质、能力、绩效定量化的描述中，既要保持定量化的精确性，同时又要恰当地运用模糊原理和方法，使个体差异客观地、定量地表现出来。

2.1.2　人员测评基本原则

人员测评的基本原则是指进行测评活动的基本行为规范，是良好的测评应满足的基本条件。在这些原则中，有的是在测评实践过程中总结、概括出来，带有普遍意义并被实践证明是比较成熟的基本行为法则；有的则是以多学科为基础，在融合和消化相近学科有关原理的基础上综合提炼出来的。掌握这些基本原则对人员测评活动的顺利进行，具有重要的指导意义。

人员测评的基本原则可归纳为以下几方面：

1. 信度与效度原则

任何一项好的测量，必须是正确而可靠的。这是人员测评的中心问题，也是测评必须遵循的一项基本原则。

正确性是指测评的效度。即测评能够正确地测量到所要测量的能力程度，也就是测评本身所能达到的期望目标的程度大小。通常，效度是科学测量工具最重要的必备条件。一项测评若无效度，则无论具有其他任何条件，也都是无意义的。

可靠性是指测评的信度，即同一群个体数次测量结果的一致性。这就好比是量一个物体，第一次量为 9 厘米，第二次量为 8 厘米，第三次量为 6 厘米，这种测量就是不可靠的。真实可靠的人员信息在所测的对象上应该是一致的，有相对的稳定性；而错误信息则是不稳定的，是随着客观环境的变化而变化的。信度估计就是要估计某项测评在不同时间进行测评时其结果的稳定性及某项测评的两个类型之间的一致性。

2. 客观公正原则

这一原则是指测评必须以人员素质、能力、绩效为客观基础，在测评过程中客观描述要以客观的行为和事件为依据，尽量减少或排除考察者和被考察者的主观随意性，并保证不同考察者在对同一被考察者进行测评时，能做出大致相同的结论。同时，对功能行为进行价值判断时，也要以客观描述为依据。在确定测评对象、掌握测评标准及实施测评时，要贯彻平等、公平的观念，实事求是地对测评对象的素质、能力、绩效行为进行测评。

3. 标准化原则

作为一种程序，人员测评在编制、施测和评分方面都有某种确定的规则。人员测评的目的是为了准确地估计被测对象的素质、能力、绩效特征，这就需要控制测评误差。控制测评误差的重要手段是使测评情境对所有被试者都是相似的，这种控制的方法称为标准化。标准化是一切科学测评的共同要求。由于人员素质测评的结果很容易受到各种主客观因素的影响，在人员测评中更应强调标准化的重要性。人员测评的标准化原则，包括以下几个方面的内容：

①程序的标准化。它是指测评步骤的标准化，人员测评必须按一定的科学程序来进行，从测评的起点到终点，每一步程序都必须明确表述，并赋予其特定的功能。人员测评的一般程序包括：调查分析、设计方案、预试修订、组织实施、信息处理、测评结果运用、实施及反馈等若干步骤，每一步骤又划分为若干分步骤。

②施测条件的标准化。施测条件的标准化要求对所有被测试者在相同的条件下实施测量，如果测评施行的条件不同，所得的分数便缺乏可比性。施测条件标准化主要包括施测的时间、地点、环境条件、主持测评的人以及标准时限都要进行标准化的规定。

③施测工具的标准化。这是人员测评标准化的一项重要内容，它要求施测过程中所采用的量表、仪器、设备、工具、材料等运用都应有明确而统一的规定，有明确的操作定义和操作规则。

④测量方法的标准化。它是指应详细规定计量的规则，使对每一被测者的素质、能力、绩效的定量化描述都可以按同样的标准规划计分。计量标准化的关键是使计量方法尽量客观化。人员素质的差异是客观存在的，测评正是试图通过所获得的数据去体

现人员客观存在的功能差异。因此，我们在构造人员测评的计量和计量体系时，必须根据客观存在着的差异性，运用各种数学手段去客观地表现它们，要做到这一点，计量方法和手段的标准化是至关重要的一环。

4．可行性与适用性原则

所谓可行性是指任何一次测评方案所需时间、人力、物力、财力要为使用者的客观环境条件所许可。因此，它要求在制定测评方案时，应根据测评目标合理设计方案，并对测评方案进行可行性分析。在对测评方案进行可行性分析时，应考虑以下几个因素：

①限制因素分析。任何一项活动都是在一定条件下进行的，必须研究该测评方案所拥有的资源、技术以及其他条件，分析测评方案在什么条件下可以实施，在什么条件下不可以实施，测评方案适用对象如何，适用范围如何。

②目标、效益分析。全面分析和确定测评所要实现的目标，全面评价测评方案对人力资源管理所能带来的直接和间接的效益、经济效益和社会效益。

③潜在问题分析。预测每一测评方案可能发生的问题、困难、障碍，发生问题的可能性和后果如何，找出原因，准备应变措施。解决这一问题的方法是在实施测评活动前，对各种工具进行预试，通过预试发现问题，减少测评误差。

所谓适用性，包括两个方面的含义：一是指测评工具和测评方法应适合于不同的测评目的和要求，要根据测评目的来设计测评工具；二是指所设计的测评方案应适应不同行业、不同部门、不同岗位的人员素质的特点和要求。由于测评工具的性质不同，必须要根据其特性，在它的限度内妥善使用，才能更好地发挥各种测评工具的效能。有些测评标准或工具适合于对工人进行评价，有些量表适合于对干部进行评价。多种测评都有其使用的范围和对象，犹如尺子不可以用来度量重量，秤不可以用来度量长度一样。而同样的尺，对于裁缝师傅量身要用布尺，木匠量家具就要用木尺了。所以任何一项测评必须确定该测评工具的性质和限制因素，根据测评目的去选择适当的测评工具，这样才能起到真正的作用。

5. 比较性原则

人员测评的一个重要目的就是依据测评分数对不同的素质、能力、绩效特征的人以及其工作行为进行比较分析，以便为人力资源管理决策提供科学的依据。我们要确定一个人的素质或能力是高还是低，一个人的行为表现是否符合某一职务的角色规范，是否能达到某一工作标准，一个群体内部职工的士气、情绪、态度如何，都必须运用分数进行比较，然后才能进行价值判断。因此，使测评分数具有可比性、可鉴别性，这是人员测评必须遵循的一个重要原则。测评分数的可比性原则，包含以下几个方面的内容：

①单位的等值性。要比较分析某一人员素质、能力、绩效特征如何及其差异性的程度，其首要条件是可以在各量表上对得分进行相互比较。例如我们说汽车宽度大于高度，因为两者使用相同的长度单位，也可以说甲单位领导班子的廉洁性要比乙单位强，因为两者都采用干部廉洁行为的次数作为测量单位；反之，我们不能说汽车的宽度大于其重量，甲单位领导班子的组织能力要比乙单位领导班子的口头表达能力强。因此，各量表或测评工具所采用的分数单位相等，才可以进行比较。在人员测评中，许多素质或功能行为是不能直接进行比较的，因为人员测评量表所采用的单位不同，但可以通过一定的程序，将原始分数转换为单位相等的数值，就可以进行比较了。

②同类互比性。在人员测评时，不仅要对同一测评对象其各项素质或功能行为特征进行比较，而且还要进行个体与个体、群

体与群体之间的比较。因此，测评分数的可比性，还包括两个以上变量的比较性。假设对某一管理人员行为的评价，采用五点尺度，即分成1，2，3，4，5五个分值。若某一管理人员的组织能力得分是4.65分，文字表达能力是4.2分，显然，它是组织能力得分比文字表达能力得分高。如果仔细分析该单位上百个管理人员的得分值，组织能力最高是5分，而文字表达能力最高则是4.2分。从理论上说，虽然管理人员的两方面能力的最高得分都可能是5分，但事实上没有哪一个管理人员的能力水平达到这个程度。因此，这一管理人员的文字表达能力在该单位属于最好的，但其组织能力则不是最好的。所以如果两个分数各自独立，各自代表不同的变项（个体特征），并在测量群体中占有同样的位置则可以相互比较。因此，在进行测评时，应注意测评分数的同类互比性以及分数的转换。

③比较的参照性。通过测评所得的分数称为原始分数，这种分数本身并无多大意义，必须经过比较才能显示其价值的大小和能力水平的高低。这个比较测评分数的参照物就是测评的参照标准体系，人员测评的参照标准体系有两种基本形式：一是参照常模，二是参照效标。参照常模是用以比较被试的分数在某个团体中的相对等级或位置的参照体。它是由具有某种共同特征的人组成的一个群体，或者说是该群体行为特征的一个样本。参照效标则是用以比较被试者的素质、能力、绩效达到某种标准的要求。在人员测试中，常模的建立和参照效标的确定是十分重要的，只有运用参照体系，我们才能对人员素质及其功能行为进行科学合理的价值判断。

2.2　人员测评的基本类型

人员素质测评的类型，按不同的标准有不同的划分。

按测评标准划分，有无目标测评、常模参照性测评与效标参照性测评。晋升测评一般属常模参照性测评，人员录用与招聘也多属这种测评。飞行员录用与人事考核，则主要属于有效标参照性测评。述职、小结等写实性测评，则属于无目标测评。

按测评范围来分，可分为单项测评与综合测评。企业诊断与人员培训过程中的测评，一般是单项测评与综合测评，而人员选拔与绩效考评中的测评，大多属于综合测评。

按照测评技术与手段划分，有定性测评与定量测评以及包括模糊综合测评在内的中性测评。

按测评主体来划分，有自我测评、他人测评、个人测评、群体测评、上级测评、同级测评与下级测评。

按测评时间划分，有日常测评、期中测评与期末测评、定期测评与不定期测评。

按测评结果划分，有分数测评、评语测评、等级测评以及符号测评。

按测评目的与用途划分，有选拔性测评、诊断性测评、配置性测评、鉴定性与开发性测评。

此外，还可以按测评活动分为动态测评与静态测评，按测评客体分为领导干部测评、管理人员测评、工人测评等。

2.2.1 选拔性测评

选拔性测评是一种以选拔优秀人员为目的的人员测评，这是人力资源管理活动中经常要操作的一种素质测评。许多待遇优厚、工作舒适的职位，常常有众多的求职者。尽管我们采取一定的方式筛除了许多不合格的求职者，但最后仍然存在许多可供我们选择的合格者，此时需要我们实施的则是选拔性的测评。选拔性测评与其他类型的测评相比，其特点包含五个方面的内容。

1. 选拔性测评特别强调测评的区分功用

选拔优秀求职者，实际上是“大个之中选大个”或“矮子之中拔大个”，是一种相对性的测评，需要测评者能够把最优秀的求职者与一般性合格者区分开来，以便聘用。

2．测评标准的刚性最强

选拔性测评的目的既然是把最优秀的求职者与一般性的合格者区分开来，那么人们对达到的要求，自然就非常严格、非常精确。因此，测评的标准无论合理不合理，一旦实施就不允许有丝毫变动，否则所选拔出的优秀者就难以取信于众。

3．测评过程特别强调客观性

选拔性测评方法的改革过程实际上就是使其测评过程不断客观化的过程，这种客观化的明显标志就是对测评方法的数量化与统计处理的电脑化。

4．测评指标具有选择性

一般来说，其他测评类型的指标都是从测评目标的分解直接制定，是测评标准的具体体现，而选拔性测评类型的指标允许具有一定的选择性，以客观、便于操作与相关性为前提，甚至可以是一些表面上看去与测评标准不相干的指标。

5．选拔性测评的结果或是分数或是等级

这一点较之其他测评类型特别明显（例如，评语式的测评结果无助于区分功用的发挥）。通常，选拔性测评操作与运用的基本原则有公平性、公正性、差异性、准确性与可比性：

①公平性原则，即要求整个测评过程对每个被测评者来说相对平等，不是仅对某些人特别有利而对其他人不利。这是保证选拔性测评结果被公众接受的前提条件之一。

②公正性原则，即要求整个测评过程对于每个被测评者来说，要求都是一致的。不是对某些人特别严格而对另一些人却宽松。要求测评者按统一的标准进行客观的测评，这是保证选拔结果有效的前提。

③差异性原则，即要求测评既要以差异为依据，又要能够反映求职者素质的真实差异。这是选拔结果正确性的前提。

④准确性原则，即要求测评对求职者素质、能力、绩效差异的反映要尽可能精确，并限于在允许误差范围之内。这是保证人们对素质测评选拔结果信任的前提。

⑤可比性原则，即要求测评对求职者素质、能力、绩效测评的结果具有纵向的可比性。一般要求采取量化形式，不但可比而且还可以与其他测评结果相加，这是保证选拔结果最后在选拔人员过程中发挥实际作用的前提。

2.2.2 配置性测评

配置性测评是人力资源管理中常见的另一种人员测评，它以人事合理配置为目的。现代企业的劳动人事管理要求以“人”为中心，使人力资源进入最佳发挥状态。人力资源最佳发挥的前提是人事相匹，人适其事，事得其人，人尽其才，才尽其用。实践表明，每种工作职位对其任职者都有一定的基本要求，当任职者现有的素质符合职位要求时，个体的人力资源就能主动发挥，创造出高水平的绩效。否则，个体的人力资源就处于被动状态，甚至低能、低效。因此，在人事配置中我们经常需要运用配置性测评。

配置性测评与其他类型的素质测评相比，它具有如下几个特点：

1. 针对性特点

该特点主要体现在整个测评的中心与目的上。配置性测评的目的是以所配置的（工作）职位要求为依据，寻找合适的被配者，整个的测评活动都是围绕这一目的而进行的。适用于甲职位的配置性测评，不一定适用于乙职位的配置。换句话说，对甲职位的配置性测评结果不能运用到乙职位的人事配置上去，除非甲、乙两种职位要求相同。

2. 客观性特点

主要体现在测评的标准上。其他类型的测评标准虚一点、实一点，好像都可接受，但是配置性测评的标准，却必须是实实在在的，必须以职位的客观要求为标准，不能主观随意制定。

3. 严格性特点

该特点主要体现在测评的标准上又体现在测评活动的组织与实施中。有些工作例如飞行员的驾驶工作，决不能因为一时找不到合格的人员而降低标准要求，但是这决不是意味着标准越高越好。实践表明，让一个大学毕业生从事看门工作的绩效，可能远远不如高中毕业生。为了保证人事配置的严格性，不但对测评标准要求严格，而且对测评方法、测评实施及整个的测评过程都十分严格，否则，难以保证最后测评结果的准确性。

4. 准备性特点

该特点主要体现在劳动人事管理过程的开端性上。依据配置性测评结果所作的人事配置，只是保证工作效率、效果的一种必要条件，是一种可能性，是一种准备。随着工作要求与人员素质的变化，配置应该有所改变，不要一配定终生。

2.2.3 开发性测评

开发性测评，是一种以开发人员素质为目的的测评。人的素质具有可塑性与潜在性。从当前现状来看，有些人也许并不具备某方面的素质，但他可能具有发展这方面素质的潜力。如何发现这些人的潜力，显然有必要实施开发性测评。此外，人力资源的开发应该具有针对性。在每个企事业组织中存在着不同类型的人力资源，有的人专注于技术运用，有的人热心于技术革新，有的人擅长于技术传播，这些人实际已具备了不同的资源形态，应该对他们分别采取不同的开发策略，以最大限度地发挥他们的作用。对于运用型的人应把他们培养为生产冠军；革新型的人应让他们有机会接触更多的技术资料，并对他们的失败抱以宽容的态度，鼓励他们的创新精神；传播型的人应让他们横向发展，容许职位轮换流动。要明确不同形态的人力资源，就必须实施开发性测评。

开发性测评，与其他测评类型相比，具有勘探性、配合性、促进性等特点。

1. 勘探性特点

该特点是指开发性测评对人力资源带有调查性，主要在了解总体素质结构中，哪些是优势素质，哪些是短缺素质，哪些是显性素质，哪些是潜在素质，哪些素质有开发价值等。

2. 配合性特点

该特点是指开发性素质测评，一般是与素质开发相配合而进行的，是为开发服务的。

3. 促进性特点

该特点是指开发性素质测评的主要目的不在于评定哪种素质好，哪种素质不好，哪种素质有，哪种素质无，而在于通过测评激励与促进各种素质的和谐发展与进一步提高。

2.2.4 诊断性测评

诊断性测评是那种以了解素质现状或素质开发问题为目的的人员测评。在企业管理中，我们常常遇到这样或那样的问题，需要从人员素质测评方面查找原因，这就需要实施诊断性测评。

诊断性测评与其他测评类型相比，主要特点有：

①测评内容或者十分精细，或者全面广泛。诊断性测评的目的是查找问题的原因，因此测评时就像医生问病情一样，任何细节也不能放过，测评内容十分精细与深入。如果是了解现状则其测评的内容就十分广泛。

②诊断性测评的过程是寻根究底。测评一般是由现象观察出发，层层深入分析，步步综合，直到找到答案。

③测评结果不公开。其他各种类型的素质测评，其结果一般都给众人公开，而诊断性测评的结果，只供内部掌握与参考。

④测评具有较强的系统性。诊断性测评要求从表面特征与标志观察搜寻入手，继而深入分析问题与原因，诊断“症状”，接

着由此提出矫正对策方案，而前述各种类型的素质测评无此要求。

2.2.5　考核性测评

考核性测评又称鉴定性测评，是以鉴定与验证某种（些）素质、能力、绩效是否具备或者具备程度大小为目的的人员测评。鉴定性测评经常穿插在选拔性测评与配置性测评之中。

1．鉴定性测评的特点

鉴定性测评与其他类型相比，其特点有：

①测评结果主要是为组织提供求职者的成绩或证明，是对求职者素质结构与水平的鉴定，而其他类型的测评结果并非如此。

②侧重于求职者现有素质的价值与功用，比较注重素质的现有差异而不是素质发展的原有基础或者发展过程的差异。

③具有概括性的特点。它测评的范围比较广泛，涉及到素质表现的各个方面，是一种总结性的测评，而其他类型更明显的特点则是具体性。

④要求测评结果具有较高的信度与效度，也就是说，鉴定性测评较之其他类型更要求所作的评定结论有据可查，而且充分全面，更要求所作的评定结论能够验证结果一致。

2．鉴定性测评的原则性

在操作与运用鉴定性测评时应注意以下几个原则：

①全面性原则。即要求鉴定性素质测评的范围，要尽可能遍及纵向时间的跨度与横向空间的场所，要尽可能遍及素质形成的全过程以及素质结构中的所有因素。这样，才能突出鉴定性测评的概括性特征。

②充足性原则。这一原则要求所作出的每一个评价结论都要有充足的依据，是事实本身的反映而不是事实的主观推论。这种充足性应体现在测评依据与测评信息的搜集与确定上。

③可信性原则。这一原则要求测评的结果既令本人信服又令

他人信服，这就要求人员测评的方法科学客观，素质测评的指标具体可验。

④权威性或公众性原则。所谓权威性即要求测评者应具有一定影响的权威人士或专家。公众性则要求在测评者本人并非是权威人士的前提下，应该多让一些有代表性的群众参加。因为权威性从质上保证了测评结果的有效性，而公众性则从量上保证了测评结果的有效性。

上述五种测评类型的划分都是相对的，实际上它们往往是交织在一起的。在运用时既要综合发挥，又要有所侧重。

2.3 人员测评中常用的统计方法

人员素质测评取得的原始数据，普遍应用数理统计的方法进行加工处理，从而确定个体素质在群体水平上所占的位置，或者进行个体与个体之间的相互比较。常用的统计方法有次数分布分析、集中趋势分析、离中趋势分析、相关分析等方法。

2.3.1 次数分布分析

将原始材料的项目，按次数分布进行分组的统计方法称为次数分布分析。研究时，只要把原始材料的项目按一定尺度划分成许多间距，然后计算落在每个间距内的数据数。包含一组数据的间距称为组距，组距与组数的确定取决于研究目的与数值分布的范围。

【例 1】某学校组织部评定了 15 位中层干部的综合素质，他们的平均成绩如表 2.1 所列。次数分布的分析如表 2.2 和图 2.1 所示。其中，表 2.2 是将表 2.1 中分数以组距为 10 分组。

表 2.1 某学校中层干部综合素质评定的平均成绩

姓　名	A	B	C	D	E	F	G	H	I	J	K	M	N	O	R
评定成绩	84	61	71	75	77	75	75	87	79	51	91	67	79	83	69

表 2.2　次数分布

组　距	组内人数	组内人姓名
50～59	1	J
60～69	3	B，M，R
70～79	7	C，D，E，F，G，I，N
80～89	3	A，H，O
90～99	1	K

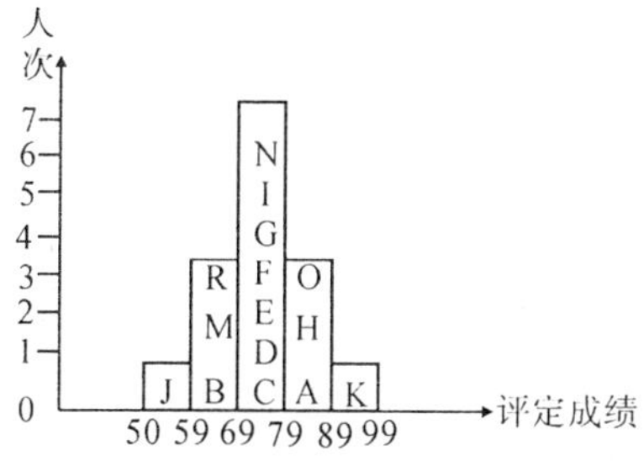

图 2.1　次数分布值方图

2.3.2　集中趋势分析

为了使人们对一组测评数据有一个概括的了解，需要用一个数来表示整组数据的集中情况。分析集中趋势的最常用指标可用算术平均数和中位数两种。

1. 算术平均数

算术平均数的常用符号为 X，代表一组测量结果的平均值。它通常又分为简单算术平均数和加权算术平均数两种。

首先，简单算术平均数可用计算公式表示为 $\overline{X}=\frac{\sum X}{n}$。其中，$\sum$代表总和，$X$ 代表每次测评的成绩，n 代表测评的总人数（或总次数）。

【例 2】某手表厂装配班组工人在手指灵巧测验中所得成绩

分别为 65，60，70，75，78，求其平均成绩为

$$\overline{X}=\frac{\sum X}{n}=\frac{65+60+70+75+78}{5}=69.6$$

其次，加权算术平均数可用计算公式表示为 $\overline{X}=\frac{\sum fX}{n}$。其中 f 代表同一数出现次数或加权系数。

【例 3】10 个人参加决策能力的情境模拟测验，结果有 2 人得 60 分，2 人得 72 分，3 人得 73 分，2 人得 76 分，1 人得 80 分，求他们的平均分为

$$\overline{X}=\frac{\sum fX}{n}=\frac{2\times60+2\times72+3\times73+2\times76+1\times80}{10}$$

$$=71.5$$

2．中位数

中位数常用符号为 Md，它代表全部测评数值，按大小次序排列后，最中间点的数值。在实际计算时，常有两种情形：第一种 n 为奇数，第二种 n 为偶数。当 n 为奇数时，第 $n+\frac{1}{2}$ 项的数为中位数；当 n 为偶数时，须将数列最中间两项数据相加之和除以 2 即为中位数。

【例 4】某单位用十五级量表评定 7 个人的英语表达能力，他们的成绩分别为 8，9，12，10，8，11，14，求其中位数。

把数据按从小到大的顺序排列为：

$$8\quad 8\quad 9\quad \underline{10}\quad 11\quad 12\quad 14$$

中位数为：　　$\mathrm{Md}=\frac{n+1}{2}=\frac{7+1}{2}=4$

中位数第 4 项的数，即为“10”。

【例 5】某测验测定 8 个人的书面表达能力，成绩分别为 8，9，10，8，12，11，14，15，求其中位数。

把测定成绩按从小到大的顺序排列为：

$$8 \quad 8 \quad 9 \quad \underline{10 \quad 11} \quad 12 \quad 14 \quad 15$$

中位数为：　　$\text{Md} = \dfrac{10+11}{2} = 10.5$

2.3.3　离中趋势分析

为了分析一组评定结果靠近平均数或中位数的分布状况，需要分析它们的离中趋势。

例如图 2.2 代表两个处的干部政治素质评定成绩分布状况。该图说明，这两个处干部虽然平均成绩相同，但却有着不同的离中趋势。其中 A 处干部的政治素质有着较大的个体差异（高水平的干部与低水平干部之间相差较大），而 B 处干部的政治素质差异却较小。

度量离中趋势的常用指标是标准差（用符号 σ 表示）。

标准差的计算公式为

$$\sigma' = \sqrt{\frac{\sum (X - \overline{X})^2}{n}} \tag{a}$$

$$\sigma = \sqrt{\frac{\sum X^2 - \dfrac{\sum X^2}{n}}{n}} \tag{b}$$

注意，公式（b）是由公式（a）简化而来，$\sum X^2$ 是各数据的平方和（先平方，后相加），（$\sum X^2$）是数据总和的平方（先相加，后平方）。

【例 6】图 2.2 呈现 A，B 两处干部政治素质评定成绩分布情况，评定成绩如表 2.3 所列，求其标准差。

表 2.3　**A，B 两处干部政治素质评定成绩表**

A 处（5 人）	60	65	75	85	90
B 处（5 人）	73	74	75	76	77

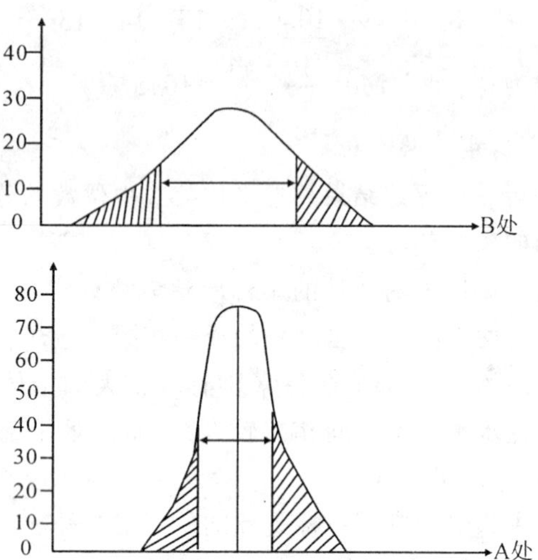

图 2.2 **A，B 两处干部政治素质评定成绩分布图**

根据表 2.3 中数据，离中趋势分析如表 2.4 所列。

表 2.4 数据分析

A 处				B 处			
60	−15	225	3 600	73	−2	4	5 329
65	−10	100	4 225	74	−1	1	5 476
75	0	0	5 625	75	0	0	5 625
85	10	100	7 225	76	1	1	5 776
90	15	225	8 100	77	2	4	5 929

在 A 处，$\overline{X}=\dfrac{60+65+75+85+90}{5}=75$

A 处的标准差：如用公式（a）表示为

$$\sigma' = \sqrt{\frac{\sum (X-\overline{X})^2}{n}}$$

$$= \sqrt{\frac{225+110+0+100+225}{5}}$$

$$= 11.4$$

如用公式（b）表示为

$$\sigma = \sqrt{\frac{\sum X^2 - \frac{(\sum X)^2}{n}}{n}}$$

$$= \sqrt{\frac{3\,600+4\,225+5\,625+7\,225+8\,100-\frac{(375)^2}{5}}{5}}$$

$$= \sqrt{\frac{650}{5}}$$

$$= 11.4$$

在 B 处，$\overline{X} = \frac{73+74+75+76+77}{5} = 75$，其标准差为 11.4。

2.3.4 相关分析

相关分析用于揭示两组变量（或几组变量）之间的关系，一般用相关系数作为度量的具体指标。相关系数的范围是从 +1 经过 0 到 -1。同样数值的正相关与负相关表示同样大小的相关，只是方向相反而已。相关系数的绝对值越大，说明变量之间的关系越密切。例如，相关系数为 0 时，表示两组变量之间没有任何关系；相关系数为 0.3～0.5 时，表示两组变量之间存在中等关系；相关系数为 0.5～0.7 时，表示存在显著关系；相关系数为 0.7～0.9 时，表示存在密切关系；而相关系数为 1 时，则表示存在正比或反比关系。计算相关系数时，一般有以下两种方法：

1. 根据两组变量的具体数值进行计算

计算公式为

$$\gamma_{XY}=\frac{n\sum XY-(\sum X)(\sum Y)}{\sqrt{n\sum X^2-(\sum X)^2}\sqrt{n\sum Y^2-(\sum Y)^2}}$$

这里 X 代表一组变量，Y 代表另一组变量；γ_{XY}代表 XY 的相关系数。

【例 7】表 2.5 呈现某单位 10 名干部在多项能力测验中的总成绩和实际成绩评定的分数，试求能力测验成绩与工作实绩之间的相关系数。

根据表 2.5 中数据可知

$n=10$，$\sum X=113.5$，$\sum X^2=1\,312.75$，

$\sum XY=19\,939.8$，　　$\sum Y=1\,791$，

$\sum Y^2=327\,967$。

代入计算公式为

$$\gamma_{XY}=\frac{n\sum XY-(\sum X)(\sum Y)}{\sqrt{n\sum X^2-(\sum X)^2}\sqrt{n\sum Y^2-(\sum Y)^2}}$$

$$=\frac{10(19\,939.8)-(113.5)(1\,791)}{\sqrt{10(1\,312.75)-113.5^2}\sqrt{10(327\,967)-1\,791^2}}$$

$$=-0.924$$

表 2.5　10 名干部能力测验成绩与实际工作成绩评定

干部姓名	工作实绩评定成绩（X）	能力测验总成绩（Y）	X^2	Y^2	XY
A	12.6	145	$(12.6)^2$	145^2	12.6×145
B	12.7	169	$(1.7)^2$	169^2	12.7×169
C	9.9	198	$(9.9)^2$	198^2	9.9×198
D	10.2	204	$(10.2)^2$	204^2	10.2×204
E	14.2	133	$(1.2)^2$	133^2	14.2×133

续表 2.5

干部姓名	工作实绩评定成绩（X）	能力测验总成绩（Y）	X^2	Y^2	XY
F	12.9	163	$(12.9)^2$	163^2	12.9×163
G	10.8	175	$(1.8)^2$	175^2	10.8×175
H	11.2	182	$(1.2)^2$	182^2	11.2×182
I	9.6	195	$(9.6)^2$	195^2	9.6×195
J	9.4	227	$(9.4)^2$	227^2	9.4×227
$n=10$	113.5	1 791	1 312.75	327 967	19 938.8

2．根据两组变量的等级进行计算

计算公式为

$$\rho=1-\frac{6\sum d^2}{n\ (n^2-1)}$$

式中：ρ——等级相关系数；

d——两组变量的等级之差。

【例 8】某科室 5 个干部业务能力的测验成绩和任用半年后实绩考核成绩如表 2.6 所列，求两者的等级相关系数。

表 2.6　等级相关系数的计算

姓名	选择考试成　绩	实绩考核成　绩	选择考试成绩(名次)	实绩考核成绩(名次)	等级差（d）	等级差（d^2）
A	71	39	1	1	0	0
B	67	27	2	4	−2	4
C	65	33	3	2	+1	1
D	63	30	4	3	+1	1
E	59	21	5	5	0	0
						$\sum d^2=6$

根据两组变量的等级进行计算。公式为

$$\rho=1-\frac{6\sum d^2}{n\ (n^2-1)}$$

式中：ρ ——等级相关系数；

d ——两组变量的等级之差。

因此，$\rho=1-\frac{6\sum d^2}{n\ (n^2-1)}=1-\frac{6\times 6}{5\times 24}=+0.70$

本章重要概念和术语

次数分布分析　集中趋势分析

离中趋势分析　相关分析

第二篇　人员测评技术

第 3 章
人员测评指标体系与设计

人员测评指标就是指评价因子或评价项目，是反映人员素质、功能行为、绩效特征的基本要素，一般由一个词或词组表示。这些相互联系相互制约的要素以一定的科学理论为依据，规范组合起来，从而形成人员测评指标体系。在进行人员测评之前，首先要根据测评的对象、目的和具体要求，选择、组合相应的测评指标和指标体系，以便客观、准确、合理地测试和评价各类人员。这一环节，是人员测评能否成功的重要前提条件。

3.1　人员测评指标

实施人员测评，必须将测评内容转化为若干既可测试又便于量化考核评价的要素。根据不同程度对测评要素进行细分而形成直接作为测试点的要素，便构成人员测评的指标。习惯上人们一般将测评指标分为德、能、勤、绩四大系统，或德、能、勤、绩、体五大系统，但考虑到这些评价因子在工作表现中的时序性，以及人才开发的系统性，目前这种分法正面临着理论界和企业界的双重挑战。比如，工作态度这一项目，究竟属于“德”的范畴还是“勤”的范畴？工作效率这一指标，属于“能”的范畴还是“绩”的范畴？因此，在考察评价一个人时，德、能、勤、绩这些要素有没有内在的时间关联性（时序性）？

考虑到上述问题，因而更有理由将测评指标分为素质特征、能力特征、绩效特征三大模块。

第一，三大模块中的指标不会再有重复或划分不清的问题，指标的定义更为准确。

第二，素质、能力、绩效三者有着合乎逻辑的时序性。素质是行为的前提，是“潜在的能力”；能力是素质在工作环境中的外显行为，是素质的延续；而绩效则是素质和能力的实现效果。在测评实际中，这种时序性具有非常重要的指导意义。如果素质特征的评价结果高而能力评价结果低，说明此人潜在能力尚未得到发挥，比如经验的缺乏；如果素质评价和能力评价的结果都高而绩效评价结果低，说明制度方面存在缺陷，比如用人制度的僵化导致“屈才”，或者是激励机制不完善致使员工“偷懒”；如果素质和能力评价结果低而绩效评价结果高，要么说明组织制度的效果特别好，要么说明员工在工作中存在机会主义。

第三，在测评实践中，这种分法既全面又富有效率。三大模块的划分界限清楚，容易理解，细分出来的指标也基本涵盖了人事测评的全部内容，因而更方便操作。

3.1.1 素质指标的构成

素质的构成在第一章已有介绍，作为测评要素的素质一般可分为身体素质、心理素质、文化素质三大子系统，在此之下还可细分为若干指标。

1. 身体素质构成

人员的身体素质，主要包括生理方面的健康状况和体力状况两个子系统。

健康状况是指身体的生理机能的运转状况。人体系统的外适应和内协调状态是人体运行是否良好的指示器。它包括人体免疫功能的强弱，内部器官在功能上的匹配性和协调性，外部器官的完好度等方面的内容。无论是外适应还是内协调方面出了毛病，最终结果都表现为患病。因此疾病状况和发病率是考察人员身体健康状况的重要指标。此外，人的肌体的完好程度也是衡量人体健康的一个重要指标。

体力状况。体力主要表现为人的意识支配下的肌肉活动。力量、速度、耐力、柔韧、灵敏度是构成体力的基本要素。

在人的身体素质系统中，健康子系统维持人自身机能的运转，而体力子系统承担人对外做功的功能，两者耦合而形成不同类型的身体素质。

2. 心理素质构成

人员的心理素质系统包括三个子系统：智能素质子系统、人格素质子系统和观念素质子系统。三者互相作用，控制和调节着人员能力的发挥以及发挥程度与发挥效率。

智能素质子系统。人的内在心理功能是指人的独立的心理活动或过程，对它的评价只有强弱之分，而无道德上的好坏之别。智能素质是人在活动过程中对观察、表象、记忆、想像和思维的综合运动功能，其中思维是核心功能。评价智能素质的高低一般由以下指标构成：敏锐的观察力，丰富的想像力，敏捷持久的记忆力，深刻广阔的思维力等。

人格素质子系统。所谓人格系统是指个体活动的倾向性和惯常活动方式的心理素质特征之总和，包括气质、需要与动机、兴趣、情绪与情感、态度、习惯、意志等要素。人格素质一般不能直接作用于外界，而只能影响智能素质的发挥，或通过智能素质影响外界。人格素质系统中各种要素之间是互相影响、互相制约的，从而形成一种人格力量。如需要制约着动机和兴趣，而意志又调节着需要。情绪影响态度，而兴趣又推动着情绪等。卡特尔《16 项人格测验》认为，在实际生活中大致可表现为 16 种行为特征，即乐群性、聪慧性、稳定性、恃强性、兴奋性、有恒性、敢为性、敏感性、怀疑性、幻想性、世故性、忧虑性、实验性、独立性、自律性、紧张性。每种人格特征都对应着一定的行为特点。

观念子系统。观念体系主要包括价值观、人生观和世界观三个方面的要素。在观念体系中，价值观更为直接地作用于人们的行为。从一般意义上说，人的价值系统主要包括知识价值、伦理价值和审美价值三个部分。从人的观念形态上看，就是人的知识观、伦理道德观和审美观，每一部分又可划分为若干观念。从更具体的意义上看，劳动者的个人价值系统具体体现为劳动者诸如时间观、效率观、人才观、职业道德观、竞争观等方面。对价值观的评价，往往是以时代发展的需要作为判断标准的。因此，观念与社会发展需要的符合程度以及观念的更新程度与机制，是衡量劳动者素质发展的标志。

智能素质与人格素质、观念素质之间是互相影响、互相制约。智能素质的发展影响人格素质的完善，并促进观念素质的更新，而人格素质和观念素质则影响智能素质的发挥与发挥效果。不同类型的智能素质与不同类型的人格素质或观念素质，可以耦合形成不同类型的精神动力素质。

3. 文化素质构成

文化素质是劳动者运用心理功能，对外界认识活动的结晶。它主要包括两个方面：劳动者所具有的知识素质、工作经验素质。

劳动者的知识素质，主要是指劳动者所接受的知识训练的程度。它包括三个方面的内容：其一，是劳动者所具有的知识量；其二，是劳动者所具有的知识结构的有序性（合理性）；其三，是劳动者所具有的知识的更新程度。对人员的知识素质的评价，也主要是依据上述三个方面的标准来进行。

劳动者的经验素质，是指劳动者经验积累的强度。劳动者的经验状态一般是在感知觉水平上发展起来，并成为劳动者能力结构中的内在因素。劳动者经验的积累过程，就是在劳动中不断练习的过程。在这一过程中，人的某些生理和心理机能（如人的感知觉力）得到强化，从而形成了特殊的职业感觉力。

3.1.2 能力指标的构成

能力是指工作人员完成某项工作活动或任务时所表现出来的功能行为。能力或能力结构一般包括工作技能技巧、一般能力、专业能力、特殊能力、能力倾向。

工作技能技巧是指通过简单的重复训练即可获得的动作方式或动作系统，强调的是与“动作”有关的东西，如技术水平、操作经验等。

一般能力是指在不同种类的活动中表现出来的共同的能力，这些能力是完成任何一种工作都不可缺少的，如注意力、记忆力、表达能力、综合分析能力、操作能力等。

专业能力是指通过系统学习、培训而获得的某一方面的稳定的专业技术能力。评价指标可根据特定职位的专业要求设定，如对管理者而言，专业能力包括：决策能力、组织能力、业务开拓能力、人际关系能力等。

特殊能力是指在解决特殊问题时所表现出来的独创能力，如创新能力、交往能力等。

能力倾向是一种介乎于一般能力与智能之间的心理特征，是未来的发展潜能。它对于职业选择和人员配置有着非常重要的意义，能力倾向的高低将影响到员工职业生涯的进程。著名的能力倾向测试有国家人事部编制并运用于公务员录用考试中的《行政职业能力测试》，美国大学生入学考试用的 SAT，研究生入学考试用的 GRE 和美国就业服务中心编制的《一般能力倾向测验》(GATB)。

能力与岗位的匹配始终是人力开发的关键点，对人员能力及行为进行测评，可以明确其能力构成与特点，选择适合于他的岗位。如管理能力是指应变能力、决断能力、指挥协调能力、用人授权能力的耦合；交往能力是指口头表达力、说服能力、人际沟通力等能力要素的耦合；专业技术能力则是专业知识、专业技能、本职业务能力等要素的耦合。

3.1.3 绩效指标的构成

绩效是指工作主体在一定时间与条件下，完成某一任务所取得的成效。绩效是物化的素质和能力，一个人的工作绩效可以在很大程度上反映其自身的各项素质，它是个人素质，是能力水平与工作环境相互作用的结果。通过对工作绩效要素的考察，可以对人员素质及其功能行为做出恰如其分的评价。

工作绩效要素主要包括一个人的工作数量、工作质量、工作效率、工作成果、群众威信、人才培养、社会效益等。将绩效要素转化为绩效评估指标，必须根据被测者的职位、工作性质等因素来设计和选择，如对职业经理人来说，绩效结构可以用工作效率、工作难易程度、工作质量、工作数量、经营业绩五个指标来施测；对于高校教师而言，绩效结构则用工作效率、教学质量、教学效果、获奖情况四个指标就可以了。

3.2 测评指标体系的设计原则与程序

所谓测评指标体系，就是指一组既相互独立又相互关联并能完整表达测评要求的测评指标。这一体系，是测评内容经过逐步分解而形成的层次分明的结构。

3.2.1 测评指标体系的设计原则

在对于测评指标及其体系进行设计时，应该注意下面几个原则：

①精简原则。测评指标体系的设计应该尽可能做到简单、精练，同时又能充分反映被测人员的功能，获得被测人员的功能信息。简单、精练的测评指标体系，能够在不影响测评结果的条件

下缩短并简化计量、处理、评定等测评工作，减少测评工作的工作量，提高测评工作的工作效率。另外，简单、精练的测评指标体系要易于理解，便于测评人员掌握和使用。

②明确性原则。每一个测评指标都必须有明确的定义，使用让人不会产生误解的词语，以免由于模棱两可的词语而造成测评目的和测评结果的不一致，无法得到关于被测人员的真实信息。

③系统性原则。在指标体系的设计中，应该使设计的指标体系具有很好的完备性，即以尽可能少的指标个数来充分体现测评目的，获得被测人员的完备信息。例如，反映被测人员综合分析能力的具体指标可以有多种多样，其中严密性、精确性、理解力和逻辑性四个指标所组成的指标体系，就能满足指标设计中系统性的原则，既做到使指标的个数尽可能少，又能很好地反映被测人员的综合分析能力。

④可比性原则。在指标体系中指标的排列方法上，应注意将测评内容可比的指标相邻排列，以便使测评人员进行比较。例如，工作质量和工作数量两个测评指标就可以相邻排列，以便使测评人员从质量和数量两个方面进行比较。又如，知识面与专业知识二者相邻排列，分别反映被测人员所掌握知识的广度和深度，也具有良好的可比性。

⑤针对性原则。对于不同类别的被测人员进行功能测评时，测评指标体系中的各项指标应有所不同，要针对各类人员的工作性质、职务、专业技术等具体特点来进行指标设计。

⑥微分化原则。测评指标应该分解成最小的单位，尽量避免出现综合性太强的指标，使指标具有较高的清晰度。例如指标“工作量”最好能进一步分解成“工作质量”和“工作数量”；“领导组织能力”还可以分解成“领导能力”与“组织能力”等。

⑦不重复原则。通常，指标体系由素质结构、能力结构和绩效结构这三个部分组成。对于已经在某一结构中出现过的测评指

标，原则上不应再列入另一结构的测评指标中去，以避免进行内容重复的测评工作。

⑧创新原则。测评指标体系应建立在我国传统人事考评的经验和国外考核实践的基础上，吸取精华并力求创新，体现人员测评在新时期的新要求。

3.2.2 测评指标体系设计步骤

人员测评指标体系的设计步骤，根据设计的过程或设计的程序有以下两种思路：

1. 按指标要素设计的工作过程来划分

人员测评指标设计的程序可划分为：职务分析、理论构思、要素调查与评判、预试修订四个环节。

①职务分析。职务分析就是对各项职务的性质、任务、责任、环境以及工作人员的自身条件进行系统分析，亦称为工作分析。职务分析主要包括人员和事务两个方面的内容。有关工作人员的分析包括应当具备的职业道德和条件、智能条件和知识水平、工作经验、资历等。有关事务的分析包括工作性质、工作程序、工作服务、同相关工作的关系、工作环境与设备等。通过职务分析，确定职位或岗位对人员的素质要求，以便为要素、指标的设计提供依据。因此，职务分析是测评要素、指标设计的起点。在职务分析的基础上，可产生各类人员素质与功能的指标体系模型。

②理论构思。在职务分析基础上产生的各类人员素质与功能指标体系模型，仅是测评要素和指标体系的雏形，还必须从有关学科的意义上进行理论指导，使之具有严密性、简明性、准确性和原则性。所谓严密性，就是要素、指标的设计要有一定的科学理论依据，要有一定的实践基础，要进行科学论证。所谓简明性，是指标的名称要简单明了，做到言简意赅，名符其实。所谓准确性，是指标的设计要符合管理科学和管理实践，要按照管理

科学的有关原理去设计能够客观反映人员素质及其功能特性的指标体系。

③指标调查与评判。在职务分析与理论推演的基础上对各类人员测评指标体系雏形进行调查论证或请专家进行评判，使指标体系结构更加准确、完善，更具实用性和操作性。

④预试修订。测评要素初步设计出来后，必须同测评标准体系和计量体系相匹配，在小范围内试验，这叫量表预试。预试后应着重对要素进行修订，或增减或合并，使结构和指标更加合理。

上述四道程序循序渐进，环环相扣，并各具特有的功能。工作分析是基础环节，理论推演是科学依据，调查分析与评判使指标要素更具合理性与实用性，预试修订是实践检验。

2．按指标要素的程序设计来划分

可将设计程序分为三个步骤：

①目标总体设计。目标总体设计是根据被测人员的类别特点，在总体结构上对测评指标体系进行设计，以便使指标体系能全面、真实、综合地反映被测人员的整体功能。这时的重点在于解决整个指标体系的逻辑结构，调整各个结构之间的相互关系，使测评体系的逻辑结构合理，与测评目标一致。

②结构设计。结构设计是在目标总体设计的基础上，对整个指标体系中的各大结构进行具体的细化设计，使每一结构能够反映被测人员的某项功能。

③单项指标设计。单项指标设计是对被测人员的功能进行分解，用某一个或某几个单项指标的组合来表示被测功能的内容。

3.2.3 指标体系设计应注意的问题

1．绩效指标、能力指标与素质结构指标相互补充

人员能力是由人员素质的内在结构决定的，结构指标所反映的，主要是能力之间的协调关系，即能力的潜在形态。而绩效指标所反映的，则主要是能力的实现形态。因此，通常在反映人员

的一般抽象能力时，应以素质结构指标为主，绩效指标为辅；而在反映人员的实践工作能力时，则应以绩效指标为主，素质结构指标为辅。由于人员能力系统是一个有层次的复杂结构，因而在不同层次上的能力具有不同的特点。一般来说，层次越高人员的能力，越便于采用绩效指标，而不便于采用素质结构指标表示。这是因为层次越高的能力其综合性就越强，其效果和效率越容易计量，因此，涉及人员素质结构的内容也越加复杂。

2. 某一测评指标有可能同时反映其他素质与功能特性

人员素质与功能要素存在着相互影响相互作用的复杂关系，因而某一测评指标既能反映这一素质与功能特性，同时也可能反映其他素质与功能特性。测评指标与所要反映的素质与功能特性并不一定是相互对应的关系。因此，在确定测评指标时，一方面需要以指标所反映的主要方面为依据；另一方面，还要适当增加指标以排除其他素质与功能要素所产生的影响。

3. 综合指标与局部指标相互补充

根据人员测评内容范围的大小，我们可以把测评指标分为综合指标和局部指标。一般来说，综合指标能够综合地反映人员素质及功能各个方面的主要内容，是测评指标的主体；同时，综合指标所反映的素质与功能特性又比较模糊，因而需要用局部指标来补充。例如管理水平是一项综合指标，为了更准确地反映一个人的管理能力，我们还需要用决策水平、管理效率、协调能力等局部指标加以补充。

4. 指标要素应具有一定的行业特点和时间性

人员测评指标要素是和人员某一方面的具体活动相联系的。不同行业、不同职业、不同岗位对人的素质会提出不同的要求，被测人员的测评指标特征，首先应取决于他们的工作性质，其指标要素的设计要体现不同人员的工作特征，如生产工作者的测评指标与科技工作者、管理工作者的测评指标体系就应反映出各自的特点。

从时间角度看，随着社会经济、文化背景的改变，不同时期对人的素质提出不同的要求，人员素质及其功能的内容和表现形式也会发生相应变化，因而需要不断地根据社会需要，增加、减少或修订指标要素体系。

5. 人员测评指标需要采用多种计量方法

人员素质及功能是一种比较复杂的现象，因而要对其进行定量化描述是特别复杂和困难的问题。对不同的人员的素质及功能特性需要采用多种计量方法，有的要素可以精确定量，有的只能模糊定量；有的可用严格的数量尺度来表示，有的却只能采用比较简单的评分法。在操作过程中，应视实际情况，根据人员素质及其功能特性选择适当的计量方式。

3.3　构建测评指标体系的基本方法

测评指标及指标体系的选择与确定有多种途径，以下介绍6种构建测评指标体系的方法。

1. 工作职务分析法

在实施人员测评时，必须依据具体工作职位的客观要求，考评任职者应具备哪些素质及能力，能达到什么样的绩效标准，这就需要采用职务分析法。

所谓职务分析，就是对各类人员所从事的工作内容、性质、责任、环境以及完成这些工作的各类人员所应具备的条件进行研究和分析，了解和掌握各类人员的工作特点、工作性质和应该注意的问题，以及各类人员胜任本职工作所应具备的能力、知识、技能等。职务分析的主要内容由两部分组成，一是职务说明，二是对人员的要求。职务说明包括各类人员的工作性质、职务、责任，以及进行工作所需的各种资料、物理环境（包括正常的温度、适当的光度、安全措施等），社会环境（一起工作的人数、年龄、工作时间、工作地点等），与其他工作之间的联系相关程度等。对人员的要求包括各类人员完成本职工作所应具备的智力、专业知识、工作经验、技能要求、工作绩效等，这是进行职务分析的主要内容。

具体分析项目如下：工作的目的；完成工作的方法、完成工作的条件、完成工作的效率与效益；工作所要求的熟练程度；有关工作方面的知识、经验、身体状况；工作职责；与其他工作的关系；所需特质；技能、教育、精神方面的机能（是否容易产生疲劳）。通过上述分析即可构建测评指标体系。

2. 个案研究法

对某一个体、群体或某一组织在较长时间里连续进行调查研究，期望从典型个案中推导普遍规律的研究方法称为个案法。常见的个案研究法有典型人物（或事件）分析法。

典型人物分析法的操作步骤，首先要明确测评的目的与对象，其次依据测评目的与对象特征来选择典型榜样。再次是要选择适当的分析方法，对典型人物作一个透彻全面的分析。关键是要能在众多的特征内容中找出最主要的特征，要能在众多特征的观察中寻求到最为客观的标志。

典型人物分析法的一个著名案例是美国企业管理协会。在20世纪70年代美国企业管理协会用了5年的时间，对4 000名经理进行了研究，从中选出1 812名最成功的经理，从中发现那些成功的经理人员需要具备以下19种能力：工作效率高；有主动进取心（主动地推动工作进度）；逻辑思维能力强（能很有条理地分析每一件事情的前因后果）；富有创造性（不断产生新的概念，发明和建立新的管理制度）；有判断力（善于抓住概念本质，从现象中找出各种规律）；有较强的自信心（知道应该做什么，而且相信能做好）；能辅助他人（指导他人的工作）；为人师表（能以身作则，模范遵守规章制度）；善于使用个人的权力；

善于动员群众的力量；利用交谈做工作；善于建立亲密的人际关系（关心下级，甚至关心其家庭生活）；乐观；善于与群众打成一片（和大家一起干）；有自制力（有自觉性，能控制自己的情绪）；主动果断（能在思考后，当机立断作决定）；客观（能听取各种意见）；善于自我批评；勤俭刻苦和具有灵活性。在其后的若干年里，美国企业管理协会一直使用这些指标来考核和培养职业经理人。

3．问卷调查法

运用内容明确、表达正确的问卷量表，让被调查者根据个人的知识与经验，自行选择答案的研究方法称为问卷调查法。例如，研究者通过访谈法把测评某职务人员的评定要素归纳为40个指标，为了筛选指标或为了寻求关键指标，可以用问题或表格的形式进行问卷式的民意调查。

4．专家调查法

专家调查法中的“专家”一般包括有关的领导、理论研究人员、具有丰富的实际测评经验的专业人员等。专家调查法的主要形式有个别访谈法和头脑风暴法等。

个别访谈法。个别访谈是走访具有一定实际工作经验，业务知识比较丰富，专业理论较强的各类人员和专家，听取他们的工作体会，对各类工作的基本要求和完成这些工作应该具备的素质、能力、绩效等有关问题。采用个别访谈的调查方法，事先应做好准备，最好能在访谈之前，给被访者一个访问提纲，让被访者有充分的精神准备。这样既可以减少访谈时间，也可获得较好的效果。

头脑风暴法。头脑风暴法是根据调查的需要，把数量不等的各类人员集中在一起，这些人员一般是来自各部门的业务领导，具体从事该项工作的工作人员，如组织、人事、劳资、教育等部门的人员，以及懂管理，有一定专业、人事心理学方面知识的专业人员。要求他们就某类工作人员应具备的素质、能力与绩效结构各抒己见，不去干涉别人的观点，但可以沿着他人的高见提出新的测评指标。由于与会者所学专业、所处背景、价值观以及所考虑的角度不同，所提出的测评指标难免会大相径庭。最后，应对各测评指标进行分析综合，从而构建起最优的测评指标体系。

5. 功能图示法

功能图示法就是将某类人员的功能特征，用图表的形式描绘出来，然后加以分析研究，选取确定测评要素。通常用于对工作分析结果的处理。这种方法一般先将某类人员的素质、智力、能力和绩效结构诸要素按需要的程度分档，然后按少而精的原则进行选取。分档可以是三档，也可以是五档。三档的尺度是：非具备不可的、非常需要的、需要但要求不高的。五档的尺度是：非具备不可的、非常需要的、需要但要求不高，需要程度较低或几乎不必具备。

功能图示法既能用于总体设计，也能用于局部设计。这种方法的优点是：直观性强，能够形象地展示人员功能特征；比较简便，容易选取要素。这类设计方案在进行理论推演或提高专家判断时，易于进行论证，能够保留各类要素在需要层次中的地位，以根据不同时期或不同测评目的进行选择。因此，这种设计方案在很长时期内都能使用。

例如，上海某食品厂为了使新工厂的工种安排做到能力与岗位相匹配，需要设计食品生产流水线操作工人的能力结构及其要素，这属于局部设计。设计得在工作分档的基础上采用功能图示法，将能力分为三档。如图 3.1 所示。

根据要素设计少而精的原则，先选取通过第 1、第 2 档的能力要素（第 2～11 条），再根据普通心理学、工业心理学一般原理将同类要素合并简化。这些指标均与动作和知觉有关，其中第 2、3 条属于动作；第 5、6、7 条属于视觉；第 4 条是手指动作与视觉的配合，第 9、10 条属于注意力。考虑到测评既能使用主观量表，又能适用客观操作测验，再将第 3、4、5、6 条合并为

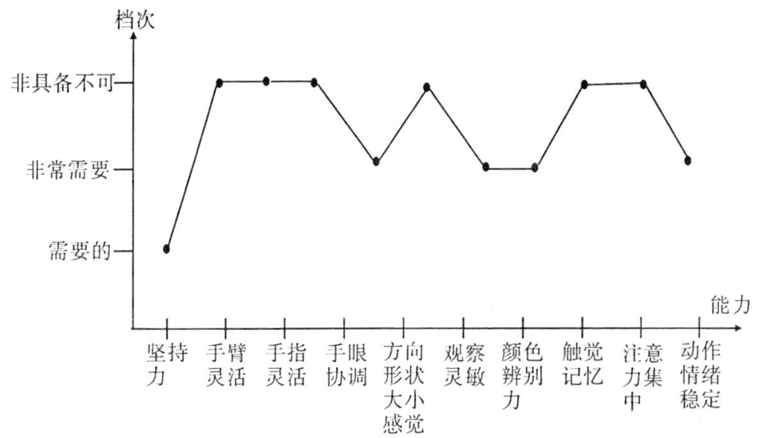

图 3.1 食品生产流水线操作工人能力图示

手眼配合灵巧性要素，第 9、10 条着重选择注意力分配一项。由于新工人体证表中已设有色盲辨色记录，可将颜色辨别力要素删去。同时，又考虑到轻工行业技术改造和技术革新的发展趋势，有必要增加创造性思维能力的测量。这样，设计者就初步建立了由特殊能力和创造能力构成的食品生产流水线操作工人的小型能力模型。如表 3.1 所列。

表 3.1 食品生产线操作工人小型能力模型

能力分类	能力指标
特殊能力	手臂运动灵活性 手眼配合灵巧性 注意力分配 动作和情绪的稳定性 触觉记忆
创造能力	创造思维和流畅性、变通性和独特性

6. 经验总结法

由众多专家通过总结经验，提炼出规律性的研究方法称为经验总结法。常用的经验总结法有个人总结法和集体总结法两种。个人总结法是请人事专家或组织人事干部回顾自己过去的工作，通过分析最成功或最不成功的人事决策来总结经验，并在此基础上提出人员测评的指标目录。集体总结法是请若干个人事专家或组织人事干部（6人～10人）集体回顾过去的工作，分析杰出人才和庸碌之辈的差异，列出长期以来传统人事考评的常用指标，并在此基础上整理出实用的测评指标体系。

经验总结法不仅可以迅速取得有关测评指标的信息，而且有助于人事专家或人事管理人员的自我发展与自我完善，是一种简单易行的方法。

3.4 指标权重的确定

在完成指标体系的构建工作之后，还需权衡每个层次的每个指标在整个测评标准体系中所处的地位和作用，并且适当地增大或减小有关测评指标在总分中的比重，而不能把每个测评指标都等量齐观，把每个测评指标的结果简单的总分总平。因为各个测评指标相对不同的测评对象来说，会有不同的地位与作用。因此，要根据各测评指标对测评对象所反映的不同重要程度，去恰当地分配与确定不同的权重。

3.4.1 指标权重的含义与基本形式

所谓指标权重，即测评指标在测评体系中的重要性或测评指标在总分中所应占的比重。其数量表示即为权数。权数的形式有两种：一种是绝对权数，一种是相对权数。所谓绝对权数，即为分配给测评指标的分数，也称为自重权数，它通常为绝对数量。所谓相对权数，是指以某个测评指标作为一个单位，在总体中的比重值，它通常表现为相对数量，即百分比、小数等。所有测评指标的绝对权数之和为总分，而所有测评指标的相对权数之和则为1。

对各个测评指标所赋予的权数称为加权。它有三种基本形式：

1. 纵向加权

纵向加权是对不同的测评指标给予不同的权数值。其目的是使不同的测评指标的得分可以进行纵向比较，或者说使各测评指标的分数计量单位相等。如我们现要总计1美元与1元人民币的价值，显然美元与人民币无法直接比较，必须通过它们在市场中的经济价值才能进行。例如，1元人民币可以买2个鸡蛋，而1美元可以买8个鸡蛋，当我们把1美元与8相乘，而1元人民币与2相乘后，美元与人民币就可以相互比较了。这里的8与2即为美元与人民币的权数。

2. 横向加权

横向加权是给每个指标分配不同等级分数，其目的是使不同的测评客体在同一测评指标上的得分可以比较。

3. 综合加权

综合加权是指纵向加权与横向加权同时进行，其目的是使不同的测评客体在不同的测评指标中的得分可以相互比较。

一般的加权是根据不同的测评主体，不同的测评目的，不同的测评对象，不同的测评时期和不同的测评角度而指派不同的数值。因此，加权是相对特定的情况下而进行的，适用某一场合的权数并不一定适用于另一场合。

3.4.2 确定指标权重的方法

常见的权重确定方法有特尔斐法、层次分析法、多元分析法、经验总结法几种。

1. 特尔斐法（专家咨询法）

特尔斐法是美国兰德公司于1964年首先用于技术预测的。它请专家“背靠背”地反复填写对权重设立的意见，不断反馈信息以期专家意见趋于一致，得出较为合理的权重分配方案。尽管这种检验方法不甚客观，但目前尚有一定的实用价值。在民主气氛较浓的场合下，可以面对面地反复充分讨论，最后形成一致的意见。

2. 层次分析法

这是一种多目标决策方法。应用此法，首先必须把素质测评目标分解为一个多级指标，在同一层次上根据管理学家斯塔的相对重要性等级表（见表 3.2 所列）。

$$W_i = \frac{\frac{1}{n}\sum_{i=1}^{n} a_{ij}}{\sum_{i=1}^{n} a_{ij}}$$

式中：W_i ——该项典型指标（目标）的权重；

n ——标准体系中指标的个数；

i ——行号；

j ——列号；

a_{ij} ——相对重要性等级。

表 3.2 斯塔相对重要性等级表

相对重要程度	定 义	说 明
1	同等重要	两者对所属测评目标贡献相等
3	略为重要	据经验一个比另一个测评的结果稍为重要
5	基本重要或高度重要	据经验一个比另一个测评的结果更为重要
7	确实重要	一个比另一个测评的结果更为重要，其优势已为实践证明
9	绝对重要	明显重要程度可以断言为最高
2，4，6，8	以上两相邻程度中间值	需要折中时采用

列出比较矩阵，并可按照下式计算出每项指标的相对优先权重。

层次分析法把专家的经验认识和理性的分析结合了起来，并且两两对比分析的直接比较法，使比较过程中的不确定因素得到很大程度的降低，因此它是确定权重中常用的一种方法。

例如，设有A，B，C，D，E五个指标，要确定它们各自的权重，根据斯塔相对重要性等级表，将测评指标两两比较，按前面表3.2规定的标度定量化，并写成矩阵形式，如表3.3所列。

表3.3　测评指标权重确定一览表

权重 指标 \ 指标	A	B	C	D	E	W_i
A	1	$\frac{1}{2}$	$\frac{1}{3}$	$\frac{1}{3}$	$\frac{1}{2}$	0.08
B	2	1	$\frac{1}{4}$	$\frac{1}{4}$	2	0.12
C	3	4	1	1	7	0.36
D	3	4	1	1	7	0.36
E	2	$\frac{1}{2}$	$\frac{1}{7}$	$\frac{1}{7}$	1	0.08
$\sum_{j=1}^{n} a_{ij}$	11	10	27	2.7	17.5	

在表3.3中权重分配的具体方法是，A与B相比，若认为B比A稍微重要时，则在BA列交叉处给B记2，在A行B列交叉处给A记1/2；若A与C相比较，认为C比A略为重要，则在C行A列交叉处给C记3，在A行C列交叉处给A记1/3，以此类推，直到全部比较完为止，可得到表3.2中A，B，C，D，E五行五列交叉处的全部数据。第六行与第六列的数据的计算方法是，首先按列求和，得到表中从第一列开始分别为11，10，27，2.7，17.5，然后按公式 $W_i=\dfrac{\frac{1}{n}\sum_{i=1}^{n}a_{ij}}{\sum_{i=1}^{n}a_{ij}}$ 求出各指标的权重。

$$W_1=\frac{1}{5}\ \left(\frac{1}{11}+\frac{0.5}{10}+\frac{0.33}{2.7}+\frac{0.33}{2.7}+\frac{0.5}{17.5}\right)\ =0.08$$

$$W_2=\frac{1}{5}\ \left(\frac{2}{11}+\frac{1}{10}+\frac{0.25}{2.7}+\frac{0.25}{2.7}+\frac{2}{17.5}\right)\ =0.12$$

同样还可得到 $W_3=0.36$，$W_4=0.36$，$W_5=0.08$，且

$$\sum_{j=1}^{n}W_j=1$$

这样，得到 A，B，C，D，E 五个指标的权重分别为 0.08，0.12，0.36，0.36，0.08。

同样，当标准体系由各级指标组成时，我们可自上而下沿递阶层次计算各层次指标对上一层次指标的组合权重，直至算出每一个指标的权重为止。

这种方法有一种变形称为对偶比较法。它是根据以下规定分配权重：

设 A 与 B 是被比较的两个指标，若认为 A 比 B 重要得多，将 A 记为 4 分，将 B 记为 0 分；若认为 A 较 B 略重要些，则将 A 记为 3 分而 B 记为 1 分；若认为 A 与 B 同等重要，则给 A 和 B 各记 2 分，下面举例具体说明全过程。

设有 A，B，C，D，E 五个指标，要确定它们各自的权重。

首先，确定各对指标比较的顺序。如 A 分别与 B，C，D 比较，B 再与 C，D，E 比较…… 根据上述顺序按 0～4 记分规定对各个指标分配权数，结果如表 3.4 所列。

从表 3.4 可知，A 比 B 略重要一些，故在 A 列 B 行交叉处给 A 记 3 分，而在 B 列 A 行交叉处给 B 记 1 分；当 A 与 C 相比时，认为 A 比 C 重要得多，故在 A 列 C 行交叉处给 A 记 4 分，在 C 列 A 行交叉处给 C 记 0 分，以此类推，得到表 3.3 中间部分的权数。然后将每列的得分数相加即得到倒数第二行 A，B，C，D，E 五个指标的总分分别为 15，13，5，5，2，它的总和即得 40 分，最后将每个指标总分除以总和 40，即得到最后一行

A，B，C，D，E 五个指标的权重分别为 0.375，0.325，0.125，0.125 和 0.05。

表 3.4　测评指标权重确定实例

指标＼指标	A	B	C	D	E
A	—	1	0	0	0
B	3	—	0	0	0
C	4	4	—	2	1
D	4	4	2	—	1
E	4	4	3	3	—
总分	15	13	5	5	2
权重 W_i	0.375	0.325	0.125	0.125	0.05

虽然该方法较原来的层次分析法简单些，但是一般只能分别用于各个层次内确定同一层次内各目标或指标的权重。因为指标项目多，配对的次数将按几何级数增大，若确定 10 个指标的权重，需要配对分析 45 次，若确定 100 个指标，则需要配对分析 4 950 次。同时，为了提高可靠性，在实际工作中常常不是由某一单个人确定权重，而必须找一组专家，让每个人独立按规定比较评判，然后求出所有专家评判结果（权重）的平均值，并将其归一化，才能得到比较可靠的权重数。

3．多元分析法

确定权重也可以利用多元分析中的因素分析、主成分分析以及多元回归分析来计算各个测评指标的权重数。因素分析与主成分分析一般是把同一级的各个测评指标看做观察变量，并计算变量之间的相关系数，然后通过计算机进行因素分析或主成分分析，以确定各个测评指标的权重。

多元回归分析是把同级的单个测评指标看做与另一个更高级的指标有关系的变量，并通过数学运算找出同级指标 x_i 与另一个更高级、更概括的指标 y 的线性代数式：$y=b_0+b_1x_1+\cdots+b_nx_n$，$y$ 与转化为标准分数后可成为 $\bar{z}=d_1z_1+d_2z_2+\cdots+d_nz_n$。其中 $\bar{z}$ 代表高一级指标的测评值，z_i（$i=1, 2, \cdots, n$）则表示分指标 z_1，z_2，…，z_n 相对于总指标 Z 的权重系数。

这种方法比较客观，但要求测评者或研究者精通多元分析。

4. 主观经验法

当我们对于某一测评对象非常熟悉而有把握时，也可以直接采用主观经验来加权。但要注意以下几个原则：

①权重分配的合理性。即权重分配要反映测评对象的内部结构和规律，防止因权重分配不当而脱离实际或产生偏向。

②权重分配的变通性。即权重分配要符合客观实际的需要，可以根据测评目的与具体要求而适当变通分配。

③权重数值的模糊性。即对权重的分配不必十分精确，可以为方便测评而模糊一些。实际上有的测评指标根本无法做到精确，只能模糊一些。

④权重数值的归一性。即各个测评指标的权数和应为 1 或 100。

本章重要概念与术语

测评指标　人格测验　职务分析

指标权重　层次分析法

附录：人员测评指标体系模型范例

范例一　公务员考核指标体系

这一模式主要运用于国家公务员的考核。法国称“鉴定”，日本称“勤务评定”，埃及称“考核”，英美称“考绩”，但其内容基本上包括德、能、勤、绩。指标体系范式如表3.5所列。

表3.5　公务员考核指标体系

	考核要素	指　标　体　系
指标构成	德	原则性、正直性、忠诚性、民主性、廉洁性、责任感、求实精神
	能	文化水平、专业水平、政策业务水平、语言表达能力、文字表达能力、人际交往能力、指挥协调能力、用人授权能力、计划能力、适应能力、决断能力
	勤	事业心、献身精神、纪律性、服务性
	绩	工作数量、工作质量、工作效率、人才培养、群众威信

范例二　日本企业人员测评指标体系

日本企业的人员测评制度，主要是为能力主义原则指导下的定期提薪和晋升制度服务，同时也要实现公平合理地分配奖金。其测评内容十分丰富，测评要素包括工作成绩、工作能力、工作态度和工作适应性。指标体系如表3.6所列。

表 3.6 日本企业人员测评指标体系

<table>
<tr><td rowspan="7">指标构成</td><td colspan="2">测评要素</td><td>指标体系</td></tr>
<tr><td colspan="2">成绩评定</td><td>质量、数量、教育指导、创造改进</td></tr>
<tr><td rowspan="2">能力评定</td><td>基础能力</td><td>知识、技能</td></tr>
<tr><td>业务能力</td><td>理解、判断、决断
应用、规划、开发
表达、交涉、协调
指导、监督、控制</td></tr>
<tr><td colspan="2">态度评定</td><td>协调性、纪律性、积极性、责任感
自我开发热情</td></tr>
<tr><td colspan="2">适应性评定</td><td>业务系统适应性
工作类型适应性
职种适应性
工作量的适应性</td></tr>
</table>

范例三　陆氏模式

陆氏测评指标模式是上海交通大学陆红军所设计的人员测评指标体系。陆氏认为，人员测评要素体系由素质结构、智力结构、能力结构、绩效结构组合而成，并且设计了 11 类人员测评指标的基本模式，包括：①领导者测评要素模式；②管理人员测评要素模式；③科技人员测评要素模式；④政工人员测评要素模式；⑤司法、检察人员测评要素模式；⑥外贸人员测评要素模式；⑦军事人员测评要素模式；⑧社科研究人员测评要素模式；⑨文学艺术人员测评要素模式；⑩图书情报人员测评要素模式；⑪电子计算机人员测评要素模式。现部分摘录见表 3.7、表 3.8、表 3.9 所列。

表 3.7　(陆氏)厂长经理测评指标模式

素质结构	智力结构	能力结构	绩效结构
1. 政策性	6. 自学能力	9. 目标定向能力	20. 工作效率
2. 事业心	7. 直觉思维能力	10. 决策能力	21. 经济效益
3. 责任心	8. 综合分析能力	11. 创造	
4. 进取心		12. 用人授权	
5. 自知之明		13. 组织	
		14. 协调	
		15. 处事果断性	
		16. 应变	
		17. 交涉	
		18. 敢冒可估风险的能力	
		19. 人际关系能力	

表 3.8　(陆氏)管理人员测评要素模式

人员分类	素质结构	智力结构	能力结构	绩效结构
经营管理人员	1. 政策观念	5. 本行业生产技术知识	8. 处事能力	15. 社会经济效益
	2. 事业心	6. 知识面	9. 及时发现问题能力	16. 工作效率
	3. 市场和用户观念	7. 综合分析能力	10. 灵活性能力	
	4. 责任心		11. 信息沟通能力	
			12. 决策或辅助决策能力	
			13. 谈判能力	
			14. 社交能力	

续表 3.8

人员分类	素质结构	智力结构	能力结构	绩效结构
技术管理人员	1. 政策观念 2. 事业心 3. 技术和经济观念 4. 责任心	5. 专业知识 6. 知识面 7. 对新科技、新产品的敏感性 8. 思维力	9. 科学技术的鉴别能力 10. 灵活性 11. 信息沟通能力 12. 协调能力	13. 科学技术成果 14. 社会经济效益
行政管理人员	1. 政策观念 2. 法制和群众观念 3. 纪律性 4. 责任心 5. 公道	6. 工作经验 7. 现代学术知识 8. 综合分析能力	9. 处事能力 10. 信息沟通能力 11. 表达能力 12. 辅助决策能力 13. 控制能力	14. 工作效率 15. 社会效益

表 3.9　(陆氏)司法、检察人员测评要素模式

人员分类	素质结构	智力结构	能力结构	绩效结构
司法人员	1. 政策水平 2. 事业心 3. 责任心 4. 公正心 5. 证据观念 6. 法律观念	7. 法律专业知识 8. 知识面 9. 判断力(准确性) 10. 观察力(细致性) 11. 思维力(逻辑性、周密性)	12. 发现问题能力 13. 表达能力 14. 处事果断性	15. 工作效率(量刑正确率等)

续表 3.9

人员分类	素质结构	智力结构	能力结构	绩效结构
检察人员	1. 政策水平 2. 事业心 3. 责任心 4. 刚正性 5. 证据观念 6. 法律观念	7. 法律知识和检察业务知识 8. 知识面 9. 思维力(逻辑性、周密性) 10. 判断力(准确性)	11. 发现问题能力 12. 表达能力 13. 交涉能力 14. 获得信息能力	15. 工作成效(批捕准确率)

第 4 章
人员测评评价标准体系

根据测评指标体系表述的被测人员在素质结构、功能行为与绩效特征方面的结果，仅仅是有关人员测评各个层面的感性信息，还无法直接做出人员素质、能力或绩效高低与强弱的判断和评鉴。为此需要对评价指标的相对价值进行比较，通俗地说，就是对“标尺”进行“丈量”。人员测评评价标准，是对测评指标进行比较和判断的准则和依据，是人员测评结果从未知通向已知的桥梁。

4.1 人员测评标准的含义与格式

4.1.1 人员测评标准的含义

所谓标准，就是我们对事物进行判断评价的依据或准则。在人员测评中，测评评价标准就是对人员素质、能力、绩效做出评鉴的准则，简称测评标准。

人员测评标准既有质的内容，也有量的形式。测评标准总是和测评指标相对应，并且总是表现为一个具体的数量尺寸或数量界限。每一个测评指标都有一个特定的标准值，对于不同类型的人员来说，测评指标是一个变量，而它的测评标准却是一个常量，但测评标准并不是一个完全不变的量。从人员素质、能力、绩效与工作的关系来看，测评标准代表了此项工作对人员的要求，因而它具有客观性。随着工作环境的变化，工作本身对人员素质、能力、绩效的要求也在不断变化。因此，测评标准应随时间变化而有所变化。从测评标准的作用来看，它代表了人们已有的认识，因而又具有一定的主观性。

4.1.2　测评标准三要素

人员测评标准通常由强度和频率、标号、标度构成，称为测评标准三要素。

强度和频率是指测评标准的内容，即人员素质及其功能行为的表现程度和相对数量。这一要素是测评标准的核心内容。

标号表示不同的强度和频率的标记符号，通常可用数字（如1，2，3）和汉字（如甲，乙，丙）或字母（如A，B，C）来表示。标号没有独立的意义，只表示一种分类，只有当我们赋予它某种意义时，它才具有自身的含义。标号通常出现在测评标准书中和测评用表之中。

所谓标度就是测量的单位，它可以是经典的测量单位，如类别、顺序、等距和比值尺度；也可以采用现代数学的模糊集合尺度，如隶属度等。如果进行定量测量，可以使用数量化的单位；如果进行定性测量，可以使用非数量化的单位。标度是测评标准的基础组成部分，它与测评的计量和计量体系联系密切。

4.1.3　测评标准的基本格式

随着人才测评实施活动的普及与深入，测评标准需要有固定的格式，不仅要求测评标准三大要素具有统一的表达方式，而且标准中的使用名词、图表、符号，概念及代码也要求有一定的规范性。以评语式标准为例，测评标准基本格式如图4.1所示。

1. 概述部分

概述部分由以下几个部分构成：

①封皮。测评标准通常装订成册，带有封皮。

②目录。测评标准手册带有目录，目录由测评标准条文编号、测评标准名称和页码组成。

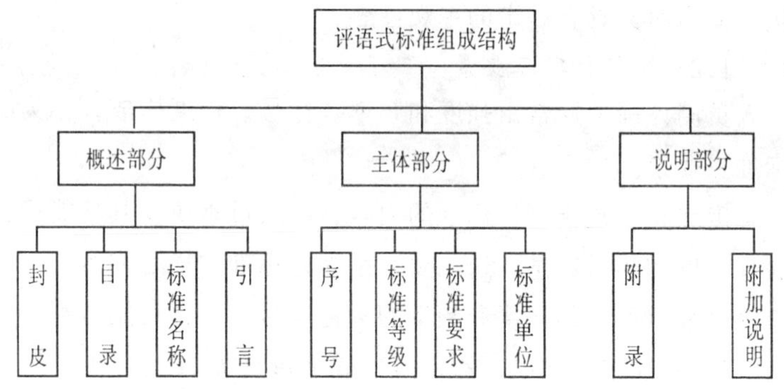

图 4.1 评语式标准基本格式

③标准名称。测评标准名称，包括测评对象要的名称和所规定的内容。测评对象要指明被测人员所在行业所规定的内容，指明被测人员的功能结构。

④引言。在引言中通常要指明测评标准的适用范围。

2. 主体部分

主体部分由序号、标准等级、标准要求、标准单位组成。

①序号。序号由专业代号、分类代号、编制年份和总序列四部分组成，例如某测评标准的序号应为

A 08-99 001

其中 A 为专业代号，08 为分类代号，99 为编制年份，001 为总序号。

②标准等级。标准等级一般用字母标号“A，B，C，D”或汉字标号“甲，乙，丙，丁”或数字标号“1，2，3，4”等来表示，标号通常按顺序排列。

③标准要求。标准要求即对每一标准等级做出技术要求上的规定，是测评标准的正文。标准要求包括被测人员功能的质和量，即强度和频率要素。

④标准单位。标准单位即标度要素，通常为数量单位，与每一等级相对应。

3. 说明部分

说明部分由附录和附加说明部分组成。

①附录。附录包括补充性或参考性的附件。补充性附件是对原标准体系做出补充，其作用与标准一样。参考性附件是对原标准体系中某些重要部分做出说明，并对其中某些有关技术问题进行解释。

②附加说明。是对编制标准进行的有关说明。

4.2 人员测评标准的类型

人员测评标准的类别，依据不同的划分原则有不同的分类。

4.2.1 根据测评手段分类

根据测评的手段，可以将测评标准分为定量标准和定性标准。

1. 定量标准

定量标准中的标度因素采用分数形式。例如，知识结构中的教育程度、外语水平，能力结构中的综合分析能力、决策能力，绩效结构中的工作质量和工作数量等测评指标，都可以在测评中采用分数标度。由于我们采用分数进行计分的办法由来已久，为多数人所熟知，因而分数标度是人员功能测评中最常用的形式，具有较强的实用性。

2. 定性标准

定性标准的标度为评语或字符。例如，绩效结构中的工作质量可以采用“优、良、中、差”等评语进行测定；也可以采用“A，B，C，D”等字符标度进行测定。我们知道，与“优、良、中、差”或“A，B，C，D”对应的分数形式通常为“90 分以上、90 分～80 分之间、80 分～60 分之间、60 分以下”，因此，这些定性标准实际上和定量标准之间存在着一种对应关系。当然，对一些平行的或不可比的评语或字符，则不一定存在这种对应关系，如“A型和B型”等。定性标准也是人员功能测评中常用的一种标准。

4.2.2 根据测评尺度分类

根据测评的尺度，可以将测评标准分为类别标准、等距标准、比值标准、隶属度标准和等级标准5种。

1. 类别标准

类别标准的标度为类别尺度，实质上就是定性标准中以数字符号作为标度的测评标准。

2. 等距标准

等距标准的标度采用等距尺度，需要注意的是，等距标准测得的功能值具有可加性。

3. 比值标准

比值标准的标度采用比值或分数尺度，通常在绩效结构中如出勤率、工作数量和工作质量等测评指标，可采用比值测评标准。需要注意的是，比值标准测得的功能值具有可加性和四则运算意义。

4. 隶属度标准

隶属度标准中的标度采用模糊数学中的隶属度。由于模糊数学既可以回答经典标度所能解决的测评问题，又能解决经典标度中无法解决的测评问题，因而它基本上适用于所有结构中的测评指标。但模糊数学的基本运算法则对多数人来说还比较陌生，这类标准的具体使用目前还受到一定的限制。

5. 等级标准

等级标准的标度采用等级尺度。等级标准具体又分为两种形式：第一种为等级—数量转换形式；第二种为评语—分数转换形式。对前一种形式的等级标准来说，通常先将某种测评指标划分为若干等级，然后再将其转换为数量。在测量标准表中，这种形式的等级通常按照它们所对应的数量顺序排列。对后一种形式的等级标准来说，通常先将某种测评指标分为一些评语等级，每个评语对应一个分数。这样做的结果是使测评表格（含评语）与测评标准分开，这两种形式的测评标准，都可以从某种程度上将测量和计量工作分开，以减少测评中人为因素的影响，提高测评结果的准确性。

4.2.3　根据测评标准的性质分类

根据标准的性质，可以将测评标准分为主观标准和客观标准，相对标准和绝对标准两大类。

1. 主观标准和客观标准

主观标准是从测评主体的角度而言的，是设计者从实际中抽象出来的一种标准，具有主观因素，把握不好容易导致测评结果失真。客观标准是根据对被测人员的观察和描述作为标度的，主要以事实为依据，在相当程度上减少了测评者的个人主观因素，具有较好的客观性，测评结果也较为真实。

2. 相对标准和绝对标准

相对标准是根据被测人员的具体情况，分别对不同对象、不同条件和不同目的所选用的测评标准。相对标准只能了解和掌握被测人员各项素质和功能的相对水平。绝对标准对被测人员的不同条件、不同对象和不同目的并不加以区别，同用一种测评标准，对每个职工的绩效、能力等方面的功能进行测评，从而获得具体而明确的各项功能的水平。采用绝对标准，可以反映每个职工与其他职工之间功能水平的绝对的差异。但采用绝对标准易使测量结果缺乏主观性和针对性。

4.2.4　根据测量标准的形态分类

根据标准的形态，可以将标准分为静态标准和动态标准。

静态标准是对被测人员以往的或现在的各种瞬时状态实施测

评。动态标准是对被测人员的各种状态的时间、空间序列进行测评。使用静态标准的测评结果多数都是总结性的，具有一定的稳定性。使用动态标准的测评结果虽然也包含总结性的成分，但有一定的预测意义。

4.2.5 根据测评标准的实用形式分类

测评标准多种多样，但较为实用的测评标准，有分段式标准、评语式标准、量表式标准、对比式标准、隶属度标准、行为式标准、目标管理式标准、情景模拟式标准和期望行为式标准。下面对其逐一进行剖析，并举例论证。

1. 分段式标准

所谓分段式标准，就是将每个要素分为若干等级，然后根据指派给该要素的分数（已赋以权重）确定相应的等级，再将每个等级的分值划成若干档次（即幅度）。表 4.1 就是××市某企业对于“判断力”要素采用分段式测评标准的应用实例。

表 4.1 分段式测评标准实例

划分幅度 / 积分值 / 等级	优	良	中	差
2	1.6～2.0	1.1～1.5	0.6～1.0	0～0.5
3	2.4～3.0	1.6～2.3	0.8～1.5	0～0.7
4	3.1～4.0	2.1～3.0	1.1～2.0	0～10
5	3.8～5.0	2.6～3.7	1.3～2.5	0～1.2
10	7.6～10.0	5.1～7.5	2.6～5.0	0～2.5
15	11.4～15.0	7.7～11.3	3.9～7.6	0～3.8

例如：在判断某人准确性要素时，被指派的分值为 3 分，按优、良、中、差可分为“从无差错”、“基本正确”、“时有差错”、

“经常出错”四档，再将每一档划分成上、中、下三个小档。测评时，先定大档，再划小档。

分段式标准是一种简易标准，其特点是分档较细，编制和使用都较方便。运用小数，可以使事实上存在的人与人之间的功能差异比较客观地反映出来。如表 4.2 所列。

表 4.2　等分积分评语标准实例

结　构	要　素	分　值	测评标准
能力结构	用人授权能力	4	1. 掌握本部门各类人员的长处，并能合理安排工作，得 1 分 2. 能够注意培养人才，得 1 分 3. 能够识别人才，有选拔干部成功之例，得 1 分 4. 能够用人，正、副职领导之间相互尊重，共事较好，得 1 分

2. 评语式标准

所谓评语式标准，就是用文字评述每个要素的不同等级，也可以称为评述式标准。这是人员测评中运用较广、形式较多的一种标准。大体可归纳为积分评语标准和期望评语标准。

①积分评语标准，就是将要素分解为若干个小指标，给每个小指标分派独立的分数，各小指标得分相加就是对该要素的评价。积分评语标准有等分积分和累计积分两种。所谓等分积分，系指每个小指标的标度都是相等的。如表 4.2 就是某企业编制中中层干部等分积分评语标准的实例。

所谓累计积分，就是每个小指标的标度不相等，按测评标准累计相加。如上表某科研所编制科研管理能力的累计积分五档，往往只对最理想的等级（上限）制定测评细则，而对其他等级不规定具体细则，因而较难掌握测评分寸（见表 4.3）。

表 4.3 累计积分评语标准实例

要　素	测评标准	计　分
指挥协调能力	能指挥协调题目	50
	能指挥协调项目	20
	能指挥协调系统	30

这种标准的特点是通过要素的再分解使标准明细、层次清楚，因而编制和使用都较方便。但小指标的分解必须准确合理，否则会使该要素偏离原来的含义。

②期望评语标准，就是根据某岗位职务对该类人员功能的理想要求，将要素分为若干等级，再对每等级制订相应的评语。表 4.4 就是某企业编制的管理人员期望评语标准的实例。

表 4.4 期望评语标准实例

结　构	要　素	测评标准
素质结构	责任心	坚持以责任为中心，热爱本职工作，不扯皮，不拖拉
智体结构	敏感性	主动正确吸取利用先进经验，对事物反应敏感
能力结构	处事能力	办事讲效率，充分利用时间，处事既有原则性，又有灵活性

期望标准的特点是以岗位要求或上级要求为准则，便于把考核制与责任制结合起来。这种标准通常分为三档，但小数的存在给统计运算带来一定的困难。

3. 量表式标准

量表式标准，是用刻度量表形式直观地划分等级的一种标准，在测定每个对象后，就可以直接在表上形成一条曲线。图 4.2 就是测评厂长能力结构若干要素的量表式标准。

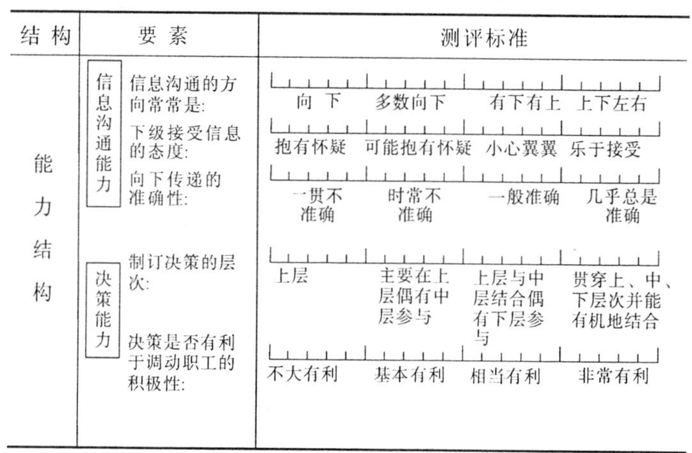

图 4.2　量表式测评标准

量表式标准的特点是图文兼有，直观形象，测量结束就能进行评价，是一种方便有效的标准。

4. 对比式标准

所谓对比式标准，就是将各个要素最好的一端与最差的一端作为两极，中间分为若干等级。如图 4.3 所示即是某企业对新职工测评的对比式标准。

对比式标准是在量表式标准基础上派生出来的，它不仅具备量表式标准的特点，还可以将功能强与弱的人员明显地区分出来，如图 4.3 中实线和虚线所示。

5. 隶属度标准

所谓隶属度标准，就是以模糊数学中的隶属度函数为标度的测评标准。隶属度标准的标度值范围在［0，1］区间之内。比如一个 20 岁的人和一个 30 岁的人都可以说是年轻人，但是哪一个

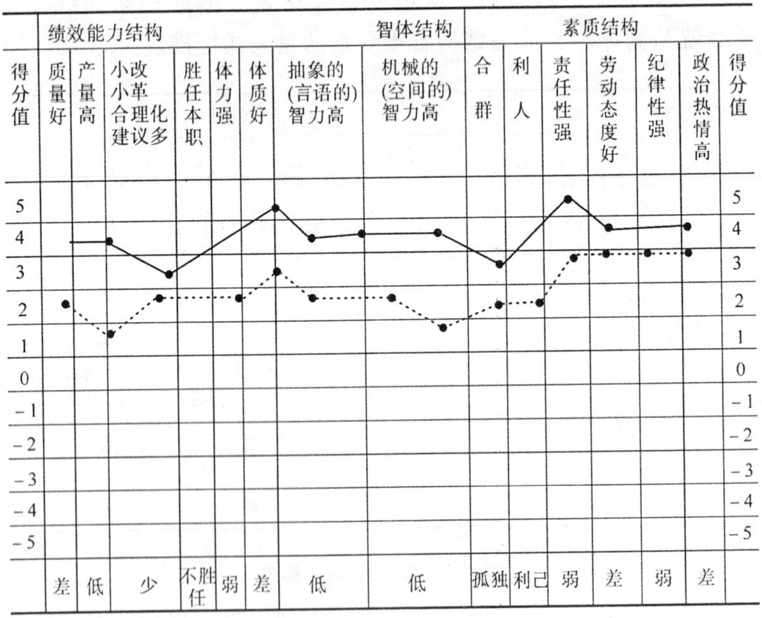

	绩效能力结构						智体结构		素质结构						
得分值	质量好	产量高	小改小革合理化建议多	胜任本职	体力强	体质好	抽象的(言语的)智力高	机械的(空间的)智力高	合群	利人	责任性强	劳动态度好	纪律性强	政治热情高	得分值
5															5
4															4
3															3
2															2
1															1
0															0
-1															-1
-2															-2
-3															-3
-4															-4
-5															-5
	差	低	少	不胜任	弱	差	低	低	孤独	利己	弱	差	弱	差	

图 4.3 对比式测评标准

更年轻呢？用隶属度函数这一概念就可以很好地解决这类问题。它主要是通过对被测人员各指标等级的可能性程度（如用 0.1 的可能性、0.2 的可能性、0.3 的可能性等隶属度函数）来评分。它的标准内容可以是积分评语式，也可以是期望评语式的。表 4.5 中所列就是某学校使用的隶属度标准。

隶属度标准的特点是运用模糊数学的方法来测量与评估人员功能，使难以精确定量的要素得到客观合理的测评。

6．行为特征式标准

即通过观察分析，选择一系列关键行为作为测评内容的标准。

行为特征式标准的特点是强调描述工作行为，而不是评价工作行为，因而比其他方法更易摆脱个人偏见的影响。但这种标准的编制难度较大，要有一定的技巧，并要花费较多的人力和时间。

表 4.5　隶属度测评标准实例

结构	要素	等级				
		A	B	C	D	E
素质结构	事业心	工作、学习热情时高时低，缺乏上进心	在别人带动下能激起工作、学习的热情，但不能持久	有一定的工作学习热情，有提高自己业务水平和科学文化知识的愿望和行动	有一定的进取心，工作学习热情高，肯钻研，舍得下苦功	无论是在顺境或逆境下，始终保持明确的奋斗目标，刻苦钻研，积极进取，有开拓精神
隶属度函数						

7. 目标管理式标准

所谓目标管理式标准，就是以目标管理内容为基准的测评标准，也是对管理成果加以严格考核的一种管理程序。

这种标准的主要特点是将现代管理方法与人事考核制度结合起来，由职工直接参加目标值和测评标准的制定，特别有利于开发各类人员的能力，也可称为能力开发型测评标准。同时，它以上级与下级同时制定的看得见、摸得着的目标达到程度作为基准，而不是以一些笼统的标准为依据，因而是一种比较具体和客观的测评标准。

8. 期望行为式标准

近些年来，出现了一种同我国文化传统和目前管理基础相适应的测评标准，我们称之为期望行为式标准。所谓期望行为式标准，就是以最理想的期望要求和可见行为为上限，以最不理想的预期可能和可见行为为下限，把要素分为若干等级，再将每个等级制定出相应的标准。这种标准通过在各类人员中进行试验，证明具有一定的信度和效度。本章后附录的管理人员测评标准，基本上就是属于期望行为式测评标准。

4.3 测评标准体系及编制

4.3.1 测评标准体系

在人才测评中，内容、标度和属性不同的测评标准，可彼此联系紧密，相互依存，相互制约，形成一个统一的有机整体，即为人员测评标准体系。

人才测评标准体系具有三个特征，即完备性、协调性和比例性。

完备性是指处于同一个标准体系中的各种标准相互配合，能够对被测人员的各种情形进行有效的测量，共同组成的一个完备的标准体系。如果标准体系没有完备性，其应用范围将受到一定的限制。

协调性是指处于同一个标准体系中的各种标准之间在相关的质的方面互相一致、互相容纳、彼此协调的特征。协调性有两种不同形式，即相关协调性和延伸协调性。相关协调性具有一致性，如定性标准和类别尺度标准。延伸协调性具有某种程度的进化含义，如模糊隶属度定量标准就是精确定量的高级形式。

比例性是指处于同一个标准体系中的各种标准之间存在着某种数量比例关系，具有一定的比例范围，反映了标准体系度量上的统一性和可比性。

一个具有完备性、协调性与比例性相结合，科学合理的标准体系，是保证人员功能测评结果质量的重要前提。它与测评指标体系、计量体系等系统之间互为条件，密切配合，影响整个人员测评实践活动的效果。

4.3.2　测评标准体系编制原则

测评标准是人事测量与评价的标尺，而且影响测评期间人员流向及努力方向，所以测评标准的建构应遵循以下原则：

1. 先进合理的原则

这一原则体现在以下三个方面：

①测评标准在内容上既要符合党和国家的路线、方针和政策，又要符合各类被测人员的功能特点，为培养和发现新型的现代化人才提供依据。

②测评标准在手段和技法上，既要保留我国传统的行之有效的考核方法和考核途径，又要采用现代化的、先进的考核技术和手段，充分发挥现代信息管理工具的作用，将测评工作提高到一个新的水平。

③测评标准在编制上要及时吸收各学科的研究成果，吸收国内外同类标准的可取之处，不断提高编制工作的水平。

2. 客观严密的原则

这一原则不仅是测评标准编制的原则，也是整个人员测评实践活动的一项基本原则。从一定程度上来说，施测人员是测评工作的“法官”，而测评标准则是“法官”手中的“法律”，因而它必须是客观严密的。测评标准不论是从内容上、等级标准上，还是评语的措辞上，都应力求准确，涵义明确、适当，经过反复推敲、修改而成。

3. 实用的原则

由于施测人员之间本来就存在着相当大的功能差异，因而，在编制测评标准时，必须从实用的原则出发，充分考虑到测评人员的实际水平。对于测评标准的措辞，应当通俗易懂，避免意义含糊不清；测评标准的内容和形式，应当尽量简化，突出重点。在强调实用性的同时，还应当保持标准的科学性和先进性，提高标准的质量，达到先进性与实用性的统一。

4. 定性与定量相结合的原则

各种定性标准与定量标准结合使用，可以针对人员各种功能的具体特点进行科学的测定。在进行测评标准的设计时，能用数量标准进行测量的功能应尽量用数量加以描述，从最大程度上提高测定的精度。而对那些适用于定性描述的人员功能，其定性测评标准要与其他定量标准结合使用。

5. 等距的原则

在编制指标标准等级的内容时，必须遵循等距的原则，达到度量等差均衡，格调一致，比例协调。例如，我们将每个测评指标的标准等级分为五级，那么这五个等级之间的间距应该相同。换句话说，如果我们认定第三级（中间级）表示平均水平的话，那么在整个标准体系中，各测评指标的第三级都应代表平均水平。应当避免出现某一测评指标的第三级表示平均水平，而另一测评指标的第二级表示平均水平的情况，影响测评标准的统一性。

6. 普遍性与特殊性相结合的原则

在编制各类被测人员具有普遍性的功能测评标准时，必须遵循标准等级、标准要求等项内容基本一致的原则，以便使测评标准具有通用性和可比性。如各类被测人员的事业心、知识结构和责任感等指标的测评标准的内容就应当基本一致。而在编制某类被测人员所具有的特殊功能的测评标准时，则要考虑到它的特殊性，要针对其特点进行测评标准的编制工作。

7. 可调性的原则

无论是哪一类已经编成的测评标准，都不是不可改变的，时代在发展，对各类人员的功能要求也应随之而变化。这就要求我们经常要对测评标准进行重新审核，根据实际情况的变化对原有的测评标准进行修改或补充，使之反映时代的气息，保持标准的先进性、客观性和科学性。

4.3.3 测评标准体系编制程序

人才测评标准体系的编制大致按如下程序进行：组建测评标准体系编制小组，编制测评标准体系草案，测评标准体系草案修订、定稿。

1. 组建编制小组

测评标准体系编制小组，通常由具有一定测评知识和实际工作经验的人事管理人员、测评专家以及有关部门负责人组成。编制小组成立之后，首先提出工作计划，进行编制前的准备工作。工作计划中主要包括以下几方面内容：编制目的以及要点，收集同类人才测评标准的有关资料，安排工作进度和划分阶段目标，编制标准潜在问题预测以及制定相应措施，对编制工作的效果进行预测。

2. 编制草案

在编制测评标准草案时，首先进行测评指标以及测评指标体系的设计，然后收集制定标准的有关资料，编制试行草案，并在有关部门进行试用。在试用的基础上，编制组人员对试用结果进行统计分析和综合研究，对试行草案作初步修改，形成征求意见稿。在听取各方意见，加以仔细推敲，形成标准草案后送交有关部门审定。

3. 草案定稿

审稿单位通常选定各单位有关方面的专业人员进行鉴定。然后送交上级主管部门通过，即为正式的测评标准。

4.3.4 测评标准体系编制方法

1. 评语式标准的编制方法

在编制评语式标准时，首先确定测评指标的内涵，然后将其进行分解。评语式标准的编制要做到定性与定量相结合，能用数量的地方最好用数量为标准，无法使用数量的地方，则可以通过

“质”的强度来进行描述。分解工作的质量是评语式标准编制的关键，每个方面都要有代表性。

2. 量表式标准编制方法

量表式标准通常分为三级、五级和七级，其中最为常用的为五级。除了奇数分等法之外，有时还使用偶数分等量表，即将标准等级分为偶数，如四级、六级等。偶数分等量表具有可以防止测评工作形式化、中间化的倾向，使测评结果具有准确性和客观性。但偶数分等量表使用时难度较大，因此，测评时需要认真考虑和确定人员功能的等级位置。量表式标准的分级是编制中的一个重点，但每一级所使用的评语短句，也是一个必须注意的方面。

3. 对比式标准的编制方法

对比式标准的一个主要特点，就是具有较强的可比性。可以根据各种实际工作的具体要求制定“理想人员功能曲线”，也可以根据某类被测人员实际功能值的统计结果制定“理想人员功能曲线”。我们可以用“理想曲线”作为参考面，将被测人员的“实测曲线”与之对比，可以直观地看出每个被测人员的实际功能与“理想曲线”所代表的理想状态的差别。如图 4.4 所示。

我们将整个功能平面看成直角坐标系，每一方格对应一个坐标值，这样就可以利用一些数学方法进行运算，或者借助电子计算机进行数据处理。

4. 隶属度标准的编制方法

这里要用到模糊数学的有关知识。隶属度标准的编制方法有两种，即隶属度分段法和隶属度全域法。在隶属度分段法中，规定测评指标的各个等级分别属于 [0, 1] 区间的某个子区间或某一点。例如，可以将 A, B, C, D, E 五个等级（其中 A 为下限，E 为上限）分别定为 A ～[0, 0.1]、B ～[0.2, 0.3]、C ～[0.4, 0.6]、D ～[0.7, 0.8]、E ～[0.9, 1]。当然，也可以有

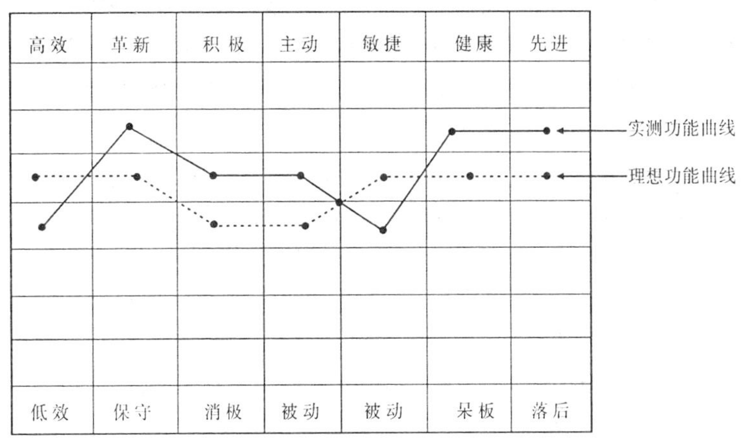

图 4.4　对比式标准的曲线表示法

其他子区间划分法。隶属度分段法通常可与量表式标准或期望行为标准的各级评语进行配合使用。在隶属度全域法中，对子区间的划分不作任何规定，每个等级标准都可以选择［0，1］区间的任何实数，以表示被测功能属于某个等级的可能性的大小，或者若干测评人员对同一被测功能的不同意见，这种分法与隶属度的数学意义更为接近。因此，隶属度全域法通常可与期望式评语配合使用。

5. 行为特征标准的编制方法

行为特征标准的编制方法，主要有关键事件法和陈述选择法两种。关键事件法就是在大量的观察、记录以及统计的基础上，选择某项工作的众多具体行为中的关键行为，作为测评的标准。关键事件法取决于对被测人员行为所作观察、记录和统计的准确性，如果关键行为选择失当，整个标准就失去效用。陈述选择法就是将被测人员的诸工作行为分解为一系列陈述句组作为标准，每组含 2～4 个陈述句，由测评人员选择其中最符合被测人员行为的或最不符合被测人员行为的陈述句作为评定结果。陈述选择法的好处在于：编在同一组的陈述句要么看起来都是褒义的，要么看起来都是贬义的，测评人员并不知道哪一种陈述对被测人员究竟是有利还是不利，能较好地消除测评人员主观因素的影响。但是在确定每一组的陈述句时，为保证其有效性，需要进行大量的统计工作，费用较大，不易大面积推广。下面是陈述选择法的两个例子，要求从每一组中选一最符合被测人员的陈述句。

第一组：　　①仔细　　②勤恳

第二组：　　①可靠　　②和气

6．期望行为标准的编制方法

期望行为标准的编制按以下三个步骤进行：

①给测评指标体系中的各个测评指标定义，明确其内涵。例如，责任性就是对本份工作的负责程度；敏感性就是对外界事物的反应敏捷程度。测评指标的定义要准确，如发现某些测评指标的定义发生重合，则要对原测评指标体系中的某些要素进行相应调整。

②在测评指标定义的基础上，对该测评指标的具体测评内容进行分析，并将其测评内容在深度和广度上做纵横扩展，编制成相应的网络，即纵横网络。纵横网络是编制期望行为标准的基础，必须认真做好这项工作，以保证标准的内容条理清晰，层次分明，便于测评。下面举一个纵横网络的例子。

说服能力：定义——劝说别人使其采取某种态度的能力。

说服能力纵横网络｛横向：做思想工作、商量工作。
纵向：平等性、协商性、疏导性。

③在定义和编制纵横网络完成之后，可以开始测评标准正文的编写。首先明确该类被测人员的工作性质对该测评指标的一般要求和最优要求，然后找出符合所赋予的期望要求的关键行为或行为特征作为测评的标准。

期望行为标准是静态与动态互相结合的一种测评标准，较为实用。编制时应严格按照以上步骤进行，以确保其严密性和客观性。

7. 目标管理标准的编制方法

目标管理标准的编制方法主要有两种，即直接式和间接式。

①直接式编制方法。这是以个人目标作为测评该人的标准，这种标准通常适用于对一般人员的测评。直接式又可分两种：

一种是横向法，即将每个目标按属性进行归类，作为测评指标体系的四大结构中的测评指标加以测评，测评标准是实测值与目标值之比，此法较为简便易行。

另一种是纵向法，即对每一个目标都从以下三个方面进行测评：一是目标达到的程度，二是目标的难度，三是实现目标的努力程度。对这三个方面的具体测量，可以用三级或五级量表进行。这种方法虽然复杂，但较为全面、细致，能从一定深度上反映人员功能。

②间接式编制方法。这是以一个部门或一个班组的目标作为测量该集体中领导人员的标准。在现代人力资源理论中，领导被认为是对一个组织起来的集体为其确定的目标和实现目标所进行的活动施加影响的过程。对一个组织的目标管理状况测评，实质也就是对该组织的领导人员的功能进行测评，这就是间接式编制方法的理论基础和出发点。

以上大致介绍了几种测评标准编制技法，编制标准的目的是为保证测评工作的客观性，对人才功能测评做出真实评价。编制标准一定按科学的方法进行，保证标准的质量，提高测评结果的效度和信度。

4.3.5　等级划分技巧和评语编写技巧

1. 等级划分技巧

测评指标的标准等级，通常分为三级、五级和七级。其中人们最为常用的为五级制，但是五级制也存在一定的问题，其中最为突出的是容易出现测评结果“中间化”的问题。例如，在五级制中等级标号用字母符号“A，B，C，D，E”表示，其中E为功能值上限，A为功能值下限，C为功能值的中间水平。由于测评人员的各种社会心理的作用，往往会在看到这五种标号时，自然而然地采取较为保守的办法，选择“C”作为对被测人员的评价，使考核倾向于“中间化”，导致测评工作形式化的出现。

为避免上述现象的出现，我们可以采用一些技巧。例如，将“A，B，C，D，E”这五个等级标号人为地改成“H，A，B，C，D”五种，以D表示功能值的上限，H表示功能值的下限，B表示功能值的中间水平。在做了这样的调整后，就会引起测评人员的注意，使之按测评标准的内容对被测人员的功能进行仔细评定，提高测评的信度。如有必要，还应注明不要随意使用上、下限，并附上有关说明材料。这样，不仅可以避免“中间化”的倾向，还可以防止测评结果过宽或过严的现象产生。

2. 评语编写技巧

测评标准中评语的编写要注意措辞，这是个技术性较强的技巧问题。在编写评语时，首先要保证评语所使用的概念前后要一致。同一个测评指标的各标准等级中，也应使用同一概念。第二，所提问题意义明确，只对一个主题进行提问。有些测评标准采用问答式，但必须把问题解释清楚，以免造成误解。第三，在标准等级的用词上，尽量体现等距的原则，讲究各级之间相互照应，层层递进，保持分寸、程度和数量上的连续性，避免幅度较大跳跃。第四，评语用词应该简明易懂，尽量使用常用的大众化词句、词汇和术语，避免由于用词不当而不能对词语概念产生一致的理解，造成测评差异。第五，对一些敏感问题的提问时，应采取让大家能够接受的方法。

在评语编写时，还应注意以下几点：一是避免使用模棱两可之词；二是切忌使用前后矛盾之词；三是慎用专业术语；四是切忌空话、套话；五是慎用微妙词语。

4.4　测评量表的编制

在构建测评指标体系和测评标准体系的基础上，已经可以完成一些简单的或局部的测评工作了。但对于那些被测人员职位较高或测评要求比较全面的测评项目来说，就必须有一套体系严密、结构合理并具有较好测评信度和效度的测评工具，因而需要参照甚至编制测评量表。

4.4.1　测评量表的涵义与特征

所谓测评量表，是指在人员测评中根据不同的测评目的、测评对象以及不同的施测环境所编制的能够达到预定目标的测评工具和方法体系。具体来说，测评量表有狭义和广义之分。狭义的测评量表，就是由测评指标体系、指标权重分布和测评标准体系所构成的表格化的测评工具；而广义的测评量表，不一定是一种“测评表格”，它还包括非表格化的测评方法体系。这在心理测验中非常普遍，如著名的“比奈量表”、“卡特尔 16 项人格因素测验量表”等等。这些量表不仅包括测评指标（也称测验维度）、评价标准，还有预先编制的程序化的结构性题目，不仅如此，往往还严格规定了测验对象、测验环境和计分方式。

在人员测评中，编制复杂的测评量表，不仅有非常强的专业技术要求，更需要长时间的实践检验。因此，对于广义的测评量表，更多的是参照、修订，而不是编制。这里提到的测评量表，主要指狭义的量表。狭义的测评量表，一般由测评指标体系、测评标准体系、测评指标权重三者构成，因而也称测评量表三要素。

测评量表一般有以下特征：

1. 目的性

测评量表是根据某一特定的目的而设计、编制的，如绩效评估量表就是为评价某一类人或某一职务级别的人的工作业绩而编制的，人格测验量表是为了测试人们的情感、动机、态度、性格、兴趣、品德、价值观等个性特征而设计的。当然，有效的测评量表能达到也应该达到它的预期目的。

2. 系统性

测评量表由若干测评指标来反映其内容，由若干评价标准来体现其目标层次，指标权重则规定了测评的导向。因此，它是有多种元素组成的相互联系的有机整体。系统性的另一个含义，是指测评量表不仅受系统内部诸因素的影响，还与系统外部环境息息相关。例如，测评的时间选择，组织背景，施测人员与被测人员的互动程度等等。

3. 结构性

结构性是指测评量表构成诸元素所具有的内在的时间、空间关系。时间关系，要求测评量表不同的内容在施测顺序上应该有明确的规定；空间关系，要求测评量表在组成元素的构建时有一定的选择性和侧重程度。结构性往往决定了测评量表的实施方法和测评效果。

4. 稳定性

一个成熟的测评量表，在其规定的测试范围内一般能达到预期目的，并且测评结果具有较高的测评信度，即较好的内部一致性。稳定性的前提是测评量表必须在规定的测试范围、测试情景下进行。如果前提条件变了，结果也就不稳定了。

5. 实用性

测评量表作为一种测评工具或测评方法体系，其最终价值是能用、可操作。测评量表一般要求结构简单合理，内容明确周密，方法简便易行。

4.4.2 测评量表的编制程序

测评量表种类繁多，内容千差万别。在实施人员测评工作时，首先要考虑有没有比较成熟的、合适的量表可供参照或者修订。如果没有，则应准备编制量表。编制量表一般应遵循以下程序：

1. 确定测评主要内容

根据测评目的、测评类型，确定测评的主要内容。

2. 构建测评指标体系

根据被测人员的职位性质和特征，将测评主要内容划分为测评指标，构建测评指标体系。具体步骤是：首先，确定需要进行调查的职位范围，制定社会调查的提纲和计划。其次，进行职位情况调查。可通过开座谈会和收集资料等方式，了解职位的性质、内容、责任、心理负荷等，最大限度地发掘该职位应该具备的主要要素，并对要素的内涵进行准确地说明，形成一个内容比较全面的指标体系。再次，在众多指标中先挑出规定数量的最重要指标，再挑出规定数量的比较重要指标。经过计频统计，形成了反映各职位特征的指标重要程度排序表，如表 4.6 所列。最后，根据上述结果计算指标权重，编制权重分配表。

表 4.6　企业经营管理者职位特性要素表

要素/职位	最重要要素			重要要素					
综合管理	事业心	管理科学知识	指挥协调能力	竞争心	决断能力	任贤能力	工作效率	专业知识	原则性
政工	原则性	马列知识	事业心	群众威信	民主性	任贤能力	劝说能力	求实精神	纪律性
生产	指挥协调能力	专业知识	事业心	本职业务能力	工作效率	管理科学知识	决断能力	应变能力	竞争心
技术	专业知识	创新能力	事业心	本职业务能力	综合分析能力	求实精神	竞争心	知识面	管理科学知识
经营	交往能力	竞争心	事业心	专业知识	谋略能力	应变能力	原则性	指挥协调能力	管理科学知识

续表 4.6

职位＼要素	最重要要素			重要要素					
人事	原则性	任贤能力	事业心	纪律性	廉洁性	本职业务能力	专业知识	管理科学知识	交往能力

3．编制测评指标的评价标准体系

测评标准的编制方法参见上一节内容，需注意的问题是，对所编制的测评标准，施测人员应该有统一的理解，以便减少测评过程中的人为误差。

4．测评量表的试用与调整

编制好测评指标体系和评价标准体系后，可选择相应的测评对象进行量表的试用，在保证量表施测信度和效度的基础上，进行调整、修订。

4.4.3　测评量表编制案例

测评背景：山城汽车销售公司是一家主营家用汽车的企业。筹建伊始，欲招聘 5 名市场开发人员，试设计面试有关测评量表。

步骤 1：由公司营销总监、销售部经理、人事部经理会同有关资深销售人员和测评专家，共同确定汽车销售市场开发人员的面试评价指标、指标重要程度。如表 4.7 所列。

表 4.7　面试评价指标及重要性

指标＼描述＼项目	指标描述	指标重要性
1．举止仪表	与客户交流得体，代表企业形象	*
2．言语表达、理解	有逻辑性、说服力，表达流畅	*
3．综合分析能力	市场分析能力、策略分析能力、信息捕捉能力	*

续表 4.7

项目 描述 指标	指标描述	指标重要性
4. 动机与岗位的匹配性	有挫折承受力、企业忠诚度、保密能力	* * *
5. 人际协调能力	协调与甲方和客户的各种关系	* * *
6. 计划、组织能力	组织策划、设计能力	* *
7. 应变能力	与客户谈判时应变的能力	* *
8. 情绪稳定性	面对挫折、刁难时情绪的稳定性	* *
9. 专业知识	汽车知识、营销知识、市场观念	* * *
10. 其他品质		

步骤 2：规定测评指标的评价标准编制面试评分表。如表 4.8 所列。

表 4.8　面试个人评分表

评价指标	观察要点	极差	较差	中等	较好	极好
举止仪表	言行举止随和，有礼貌，衣着打扮得体，无多余动作	1 2	3 4	5 6	7 8	910
言语表达、理解	表达流畅，内容有条理性、逻辑性，理解他人意思并具有说服力	12	34	56	78	910
综合分析能力	对事物能从宏观和微观考虑，注意整体和局部的有机协调组合	12	34	56	78	910
动机与岗位的匹配性	兴趣与岗位情况匹配，成就动机(认知需要、自我实现、服务他人)与岗位匹配，认同组织文化	12	34	56	78	910

续表 4.8

评价指标	观察要点	极差	较差	中等	较好	极好
人际协调能力	人际间主动合作、有效沟通、理解组织权属关系,原则性灵活性	12	34	56	78	910
计划、组织能力	依据有利机会做出计划,根据现实和长远需要决策、调配、安置	12	34	56	78	910
应变能力	在压力状况下:思维反应敏捷,情绪稳定,考虑问题周到	12	34	56	78	910
情绪稳定性	较强刺激情景中表情言语自然,受到挑战保持冷静,抑制欲望	12	34	56	78	910
专业知识	汽车知识,营销知识,市场观念	12	34	56	78	910

步骤 3:根据评价指标重要性,计算指标权重。如表 4.9 所列。

表 4.9 面试评价指标权重计算表

综合能力要素	重要性	计算方法	权重数
1. 举止仪表	*	1×10/15	0.67
2. 言语表达、理解	*	1×10/15	0.67
3. 综合分析能力	*	1×10/15	0.67
4. 动机与岗位匹配性	* * *	3×10/15	2.00
5. 人际协调能力	* * *	3×10/15	2.00
6. 计划组织能力	* *	2×10/15	1.33

续表 4.9

综合能力要素	重要性	计算方法	权重数
7. 应变能力	* *	2×10/15	1.33
8. 情绪稳定性	* *	2×10/15	1.33
合　计	15	15×10/15	10.00

步骤 4：编制面试得分平衡表。计算方法是：指标 1 至 8 为综合能力，专业知识单独计分。综合能力总分 = 求和（各项综合能力指标得分 × 权重），专业知识校正分数 = 专业知识得分 × 权重（10），面试总分 = 综合能力总分 × 综合能力占总分的百分比（P%）+ 专业知识校正分数 × 专业知识占总的分百分比（Q%）。如表 4.10 所列。

表 4.10　面试得分平衡表

综合能力得分（P%）										专业知识 Q%		面试总分
评价指标	举止仪表	言语表达	综合分析	匹配性	人际协调	计划组织	应变能力	情绪稳定	综合能力总分	专业知识	校正分数	
权重	0.67	0.67	0.67	2	2	1.33	1.33	1.33		10		
1												

本章重要概念与术语

测评标准　目标管理标准　隶属度标准

附录：管理人员测评标准参考模式

表 4.11 企业管理人员功能测评标准

项目		要素	差	中	良	优
素质	政治素质	维护党和国家利益	不能维护	尚能维护	能维护	自觉维护
素质	政治素质	执行政策方针	不能执行	尚能执行	能执行	自觉执行
素质	工作作风	深入群众和现场	不愿意	不主动	能深入	主动深入
素质	工作作风	对人对己一分为二	自以为是	对人对己有片面性	有自知之明,能正确待人	严于律己
素质	品德	团结协作	不能	勉强	能够	主动
素质	品德	谦逊求实	骄傲浮夸	随大流	愿学习,能实干	虚心好学实干苦干
素质	品德	如实反映情况	欺上瞒下见风使舵	不够如实	一般	主动积极实事求是
素质	责任心	守职尽责	敷衍尽责	不太尽责	相当尽责	非常尽责
素质	责任心	敢挑重担	推卸回避	勉强承担	能承担	主动抢挑
素质	劳动态度	劳动纪律	经常违反	偶有违反	能遵守	自觉维护
素质	劳动态度	勤勉性	怠惰	需要督促	一般	主动勤奋
智体结构	学识水平	专业知识	浅薄无学	尚能掌握	勤求知晓	精通钻研
智体结构	学识水平	知识面	狭窄	一般	较广	广博
智体结构	判断分析	周密性	主观片面	有些片面	较全面	全面深入
智体结构	判断分析	敏感性	麻木不仁	反应较迟钝	反应一般	反应灵敏
智体结构	判断分析	预见性	没有	很少	有一些	有
智体结构	判断分析	辨别能力	模糊	较模糊	较精明	精明
智体结构	判断分析	准确性	经常出错	时有差错	基本正确	准确,令人信赖

续表 4.11

项目＼标准		要素	差	中	良	优
智体结构	体质状况	坚持工作能力	不能正常工作	常缺勤	很少缺勤，能守职	全勤，精力充沛
		慢性疾病	多种	有	轻微	无
能力结构	专业能力	本职经验	无	较少有经验	丰富	
		运用经验	不会	不熟练	能	善于
	处事能力	原则性	差	较差	较强	强
		灵活性	死板	不灵活	较灵活	审时度势，处事自如
		协调性	不会	一般不善于协调	能	善于
	组织能力	归纳性	差	较差	有	较强
		条理性	紊乱	较紊乱	较清楚	清楚
		用人	不当	时有不当	较恰当	恰当
	创造能力		因循守旧	安于现状	尚能创新，但新的思想和见解不多	善于创新，常有新的点子和改革设想，并勇于实践
	口头表达能力		词不达意干巴、啰嗦	较差	一般	熟练、准确、生动
绩效结构	工作效益		低	较低	较高	高
	技术效果		差	较差	较好	好
	经济效益		差	较差	较好	好

第5章 测评信度与效度

在人员测评工作中，无论是施测人员还是被测人员都非常关心测评的结果及质量。一方面，测评方法体系和测评双方在不同的测评时期、不同的测评情景下所得到的结果一致吗？这是测评信度的问题；另一方面，测评方法以及测评内容本身是否能够保证达到测评的目的，即测评所反映的真实程度如何，这是测评效度的问题。通过测评信度和测评效度两个指标对测评工作进行检验，可以提高测评的真实性和可靠性，这正好体现了人员测评的科学性。

5.1 测评信度及检验

5.1.1 测评信度的概念

测评信度即测评结果的前后一致性程度，又称可靠性程度。它用于分析一种测评方法所得结果的前后一致性水平，并以这种一致性程度为指标来判断测评量表与测评方法的可靠性，也就是测评得分使人们可以信赖的程度有多大。在设计、编制和实施测评时，首先要考虑的就是如何保证和提高它的可靠性。

信度指标一般用信度系数的形式表示。信度系数是同一样本在两种不同时间、不同情境条件或两组不同评价材料的评定结果之间的相关系数。信度系数越大，说明测定或评定方法的可靠性越强；信度系数越小，说明测定或评定方法的可靠性越弱。

5.1.2 测评信度的分类

1. 重测信度

重测信度又称稳定性信度，它用于分析两次间隔一定时间的评定（或测定）结果之间的相关关系。例如，由 5 个评定人来评价某人的“业务能力”，而 5 个人的评定平均成绩为 80 分。间隔 20 天之后，再由这 5 个人对其“业务能力”进行第二次评定（假定这 20 天中没有发生什么事情），第二次评定的平均成绩也为 80 分，或只稍许有些波动，则说明这两次评定成绩是一致的，这种评定结果是值得信赖的。如果第二次评定的平均成绩为 95 分或 60 分，两次评定成绩相差较大，则说明评定结果不稳定，不可靠，当然也不值得信赖。

2. 对半信度

重测信度需要重复评定（或测定）两次才可以获得，在实际工作中推行往往有许多困难。为了简化信度检验的程度，常常采用对半法。

应用对半信度法检验信度时，首先要把测评量表中的问题（或测验问题）按随机的原则分为相等的两部分，然后请一组评定人（或被测人）运用测评量表（或测验工具）进行评定（或测定），记录这些结果，求出两部分评定结果（或测验结果）的相关系数（γ_{nn}），该相关系数（γ_{nn}）即为对半信度系数。

因为对半信度系数只是根据原评定量表或原测验的一半题目而来，而信度的大小又与评定或测验的长度有关，所以对半信度常常要比原评定量表或原测验的信度低。为了校正这个差异，常运用斯匹尔曼－布朗公式（Spearman－Brown Formula）把对半信度换算为评定量表或测验在原长度时的信度（见以下公式）。

$$\gamma_{xx}=\frac{2\gamma_{nn}}{1+\gamma_{nn}}$$

式中：γ_{xx}——原长度的信度估计；

γ_{nn}——对半信度。

对半信度既方便、简单，又可以深入分析评定量表或测验方法的内部一致性，有助于发现与及时纠正来自评定量表和测验方法本身的质量问题而引起的客观干扰，因而有很强的应用价值。

3．等值信度

等值信度是以两个平行型的测评量表在最短时距内施行两次所得结果的相关系数来评估的。这里提出的平行型的量表不仅要求内容、形式和长度相同，而且要求难度（即有相同平均数）和差异程度（即有相同的标准差）也相同。例如A型、B型代表两个符合平行型要求的测评量表，其等值信度的检验模式如图5.1所示。

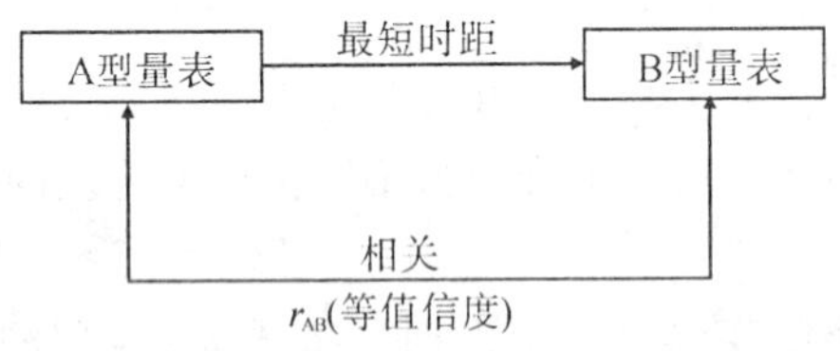

图5.1 等值信度定义

进行等值信度分析时，为了抵消测评先后顺序的效应，一般要求有一半人先用A型量表进行测定，然后再用B型量表进行测定；另一半人则先用B型，再用A型。二者间隔时间要求保持在最短时距之内，其范围为几分钟到几小时。

从理论上说，等值信度既可以反映来自施测人员和被测人员的人为干扰，也可反映测评方法本身质量问题的干扰，是一种最有价值的信度检验法。但因为平行量表的选择与设计难度较大，最短时距的两次测评也有实际困难，使等值信度法的实际运用受到了限制。

5.1.3 影响信度的因素

对测评信度发生作用的因素，无非是来自测评的主体和客体。来自主体的就是施测人员自身，这是影响最大的因素；来自客体的因素既包括被测人员，也包括使用的测量工具，这些都会影响测评的可靠性。

主体因素与客体因素是相互作用、密切联系的。有了好的测评工具而测评者偏执无能，也可以使测评无效；有了好的测评者而测评工具不善，也难保可靠。因此，就测评双方关系来说，测评客体是主体的对象，测评主体往往是起决定性作用的因素。

5.1.4　信度检验

如前所述，影响测评信度的因素有两大类：一类来自施测人员和被测人员的个人态度、动机、情境等人格因素而引入的干扰；一类来自评定量表或测验手段的质量而引入的干扰。为了分析不同干扰因素对测评可靠性的影响，可以从不同的角度进行信度检验，其方法就是计算不同的信度系数。

1. 重测信度系数的计算

重测信度系数是同一组评定人对受测人用同一量表测评两次所得结果的相关系数。现举例说明其具体计算方法。

【例 1】某企业用“企业工程技术人员评定量表”评定 20 名工程师以上职称的技术人员。设每个被评技术人员评定平均成绩为 A_1（每个技术人员由 30 人评定）。为了检验测评信度，间隔 23 天后，又请原来参加测评的所有评定人运用原评定量表再次对 20 名工程师分别进行第二次评定，平均成绩为 A_2，两次评定成绩如表 5.1 所列，求重测信度系数。

分析表 5.1 所列的评定成绩。$\overline{A_1}$ 表示第一次评定总平均成绩，$\sigma_1 A_1$ 表示第一次成绩的标准差。

$$\overline{A_1}=9.95 \qquad \overline{A_2}=11.40$$

$$\sigma_1 A_1=2.46 \qquad \sigma_2 A_2=2.40$$

$$\sum A_1=199 \qquad \sum A_1^2=2\,101$$

$$\sum A_2=228 \qquad \sum A_2^2=2\,714$$

$$\sum A_1 A_2=2\,375 \qquad n=20$$

表 5.1 企业工程技术人员评定成绩表

工程师姓名	第一次评定成绩（A_1）	第二次评定成绩（A_2）	$A_1{}^2$	$A_2{}^2$	A_1A_2
A	15	15	225	225	225
B	14	14	196	196	196
C	12	16	169	256	208
D	13	15	144	225	180
E	12	13	144	169	156
F	12	12	121	144	132
G	11	11	121	121	121
H	10	13	100	169	130
I	10	12	100	144	120
J	10	12	100	144	120
K	10	10	100	144	100
L	10	11	100	121	110
M	9	11	81	121	99
N	9	11	81	121	99
O	9	10	81	100	90
P	8	9	64	81	72
Q	8	10	64	100	80
R	7	7	49	49	49
T	6	8	36	64	48
S	5	8	25	64	40
合　计	199	288	2 101	2 714	2 375

$$\gamma_{A_1A_2}=\frac{n\sum A_1A_2-(\sum A_1)(\sum A_2)}{\sqrt{n\sum A_1^2-(\sum A_1)^2}\cdot\sqrt{n\sum A_2^2-(\sum A_2)^2}}$$

$$=\frac{20\times 2\,364-199\times 228}{\sqrt{20\times 2\,101-(199)^2}\sqrt{20\times 2\,714-(228)^2}}$$

$$=0.90$$

该例中，间隔 23 天的二次评定的重测信度为 0.90，超过国内外同类评定量表的信度要求（一般为 0.8），说明评定量表的信度是合格的，评定所得的信息是可靠的。

2. 对半信度系数的计算方法

对半信度系数是同一组评定人（或受测人）用同一量表评（或测）定一次，把所得结果按随机方式分为两类而获得的相关系数。其计算方法用［例 2］说明。

【例 2】某局用领导干部行为评定量表评定了 20 名处级以上领导者的个体素质。假定每个领导人由 30 名评定人参加评定，评定量表由 16 道题组成，题序按随机方式排列，并按单数题（题序号为单数，如 1，3，5，…）和双数题为指标划分为两部分，要求检验其信度。每个领导干部的评定成绩如表 5.2 所列。

由于　$\sum X=101$　　$\sum X^2=553$　　$\overline{X}=5.05$

$\sigma_X=1.47$　　$\sum XY=532$

$\sum Y=99$　　$\sum Y^2=527$　　$\overline{Y}=4.95$

$\sigma_Y=1.36$　　$n=20$

$$\gamma_{XY}=\frac{\frac{1}{n}\sum XY-(\overline{X})(\overline{Y})}{(\sigma_X)(\sigma_Y)}$$

$$=\frac{\frac{532}{20}-(5.05)\times(4.95)}{1.47\times 1.36}$$

$$=0.80$$

表 5.2　领导干部行为评定结果分析

干部姓名	A	B	C	D	E	F	G	H	I	J	K	L	M	N	O	P	Q	R	S	T
单数题评定成绩（X）	8	8	7	6	6	5	6	5	5	5	4	6	4	4	5	4	3	4	3	3
双数题评定成绩（Y）	8	6	7	6	7	5	5	6	5	5	5	4	4	5	4	4	4	3	3	3
总评定成绩	16	14	14	12	13	10	11	11	10	10	9	10	8	9	9	8	7	7	6	6

该例中对半信度系数为 0.80，如果运用斯匹尔曼－布朗公式来估计原测评的长度，则有

$$\gamma=\frac{2\gamma_{XY}}{1+\gamma_{XY}}=\frac{2\times 0.80}{1+0.80}=0.89$$

从上式可知，原长度的行为评定量表的信度系数为 0.89，达到了理论上的信度要求。

5.2　测评效度及检验

5.2.1　测评效度的概念与分类

测评效度即测评实际上能够测得所测评对象的真实程度，也就是测评本身所能达到期望目标的程度有多大。效度是测评的中

心问题，一般来说测评的效度高，其信度也高；而信度高的测评，其效度未必高。效度的鉴定，大多是通过效度系数来估计的。效度系数是测评得分同效标变量的相关系数。

效度的分类很多，人员测评效度一般分为内容效度、结构效度和效标关联效度三种。这三种效度是相互联系的，一个好的测评通常可以用一种或一种以上的效度来表示。

1. 内容效度

指测评要素和测评标准等子系统能够达到所想测量内容的程度，也是指标与标准是否符合该类人员的功能性。内容效度往往要依靠专家评判来鉴定，有时也采用一些数量化指标。

2. 结构效度

指测评结果根据测评所假定的结构予以解释的程度，主要用于人员功能结构的理论概括和探讨。测评的结构效度同内容效度有着密切的联系，内容效度有时可作为结构效度的依据。换言之，建立测评内容效度的过程也就提供了结构效度的依据。因此，我们又可把这两种效度称为内容结构效度。

3. 效标关联效度

指通过寻求测评结果与某项效标的相关程度来度量的效度，也称为经验效度或统计效度。效标关联效度按效标是否同时获得或未来将获得，可分为同时效度和预测效度。效标是指假定的客观标准，它作为测评有效性的指标，可以是另一种评量的结果，也可以是标准测验的得分。鉴定这两种效度的关键是选择效标，测评量表的效标选择具有一定的难度，如选择不当，就会导致错误的效度鉴定。在人员测评中，效标主要从以下四种情况之中选择：

①上级部门或领导的评估。这种评估最好也能数量化或分等级，如果将上级测评作为效标，那么复份信度与效度发生重叠。所以，通常以划分等级作为效标。

②工作实绩。这是最明显的效标，通常同时效度的效标可选择近期或测评期内的工作成效，而预测效度的效标则有待于对今后工作成效的考核来确定。

③总结评比的结果。各单位的年终评比、表彰先进或重大任务完成后的表彰评比，往往是领导与群众、上级与下级层层评定的结果，虽然有些评比尚存在这样或那样不完善之处，但就总体上看，仍不失为可以参照的效标。

④综合标准。这是一种信息量大、综合性强的较为重要的效标，它将上述三种效标的资料组合起来，运用统计原理与方法进行合理加权，换算成标准分数，最后得出一项综合性的指数和标准作为效标。

在实际测评工作中，不同环节测评结果的解释和应用，对效度的要求不尽一致。用于公务员录用选拔、流动和调配的测评，希望它具有较高的预测效度；用于评定或晋升职称的测评，则希望它具有较高的同时效度；用于人才开发和培训的测评，则希望它具有较满意的同时效度和预测效度。总之，对效度的期望，会以不同的测评目的为转移。

5.2.2　影响效度的因素

在人员测评实践中，测评效度的影响因素主要有三种：效标的有效性；测评工具的完善性；测评者的素质、智能。

寻找可靠有用的效标作为效度准则往往是件困难的事，但这毕竟是用于对效度的估计，属于外在因素。人员测评的效度是内在的，因而影响其效度的因素也是在测评全过程中形成的。首先要看测评的要素体系能否真正概括被测对象的功能特征，同时要看测评的标准体系和计量体系是否科学合理。如果这些要求已经达到，那么关键就取决于测评者本身是否可靠了。

5.2.3　效度检验

对人员测评的效度进行检验，主要的途径是运用不同的方法计算效度系数。

1. 用相关法求效度系数

通过分析测评成绩与特定效标之间的相互关系，用相关系数代表效度系数的效度检验法称为相关法。

【例 3】某手表厂运用手指灵巧测验选择新工人，半年后又用“工作效率”为指标评价新工人的实际工作成绩。图 5.2 中汇总了手指灵巧测验成绩（1～8 分）和工作成绩评定分数（0～4 分）之间的人数分布，求手指灵巧测验的预测效度。

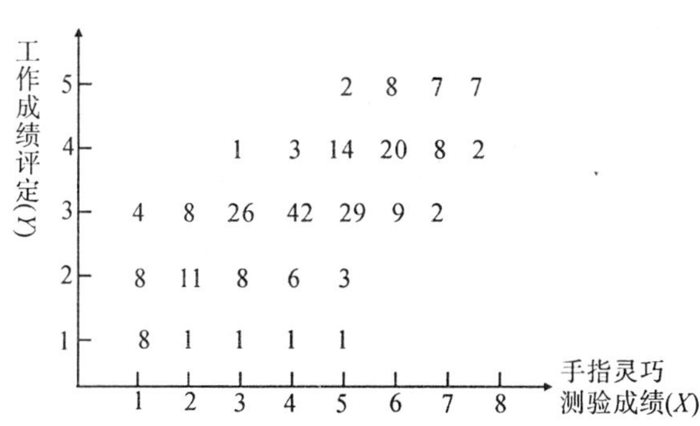

图 5.2　人数分布图

计算：

$$\overline{X}=4.30 \qquad \sigma_x=1.79$$

$$\overline{Y}=2.15 \qquad \sigma_Y=1.22$$

$$\sum XY=2\,534 \qquad n=240$$

$$\gamma_{XY}=\frac{\frac{1}{n}\sum XY-(\overline{X})(\overline{Y})}{\sigma_X\sigma_Y}=\frac{\frac{2\,534}{240}-4.30\times 2.15}{1.79\times 1.22}=0.60$$

$\gamma_{XY}=0.6$ 这个数值就是效度系数，可以解释为工作成绩中 36% 的差异（即 $\gamma^2=0.6\times 0.6=0.36$）可以从手指灵巧测验的成绩中预测。

2．用比例法求效度

运用百分比表示测评的有效信息与整体信息之间的关系，并以此比例来代表效度的检验方法称为“比例法”。

【例 4】某局组织部门用德才素质评定量表对下属三个单位的中层干部进行评定，评定结果分别采用“本人评”、“他人评”、“组织评”的手段进行检验，结果如表 5.3、表 5.4、表 5.5 所列。试分析其效度。

表 5.3 “本人评”效度分析表

检验效标	被评单位	被评总人数	本人同意评定结果（人数）	符合率（%）
自我评估	3	106	98	92

表 5.4 “他人评”效度分析表

检验效标	被评单位	被评总人数	他人同意评定结果（人数）	符合率（%）
组织评估	8	111	105	95%

表 5.5 “组织评”效度分析表

检验效标	被评单位	被评总人数	组织同意评定结果（人数）	符合率（%）
他人评估	8	119	111	93%

该例中，运用三种不同的效标（不同途径）来检验同一评定结果的效度，符合率都高于 90%，说明有 90% 以上的人认为评定结果是有效的，因此这次评定具有较高的社会认可程度。

3. 用分类法求效度

通过测评成绩和检验效标的分类，以不同类别之间的关系来检验效度的方法称为分类法。常用的分类法是二分法，即把一个群体的评定成绩按中等水平为界划分为“成功”与“失败”两类，这样会产生四个组：预测成功而且实际成功组（即测定或评定为“成功”，工作实绩成为“成功”）；预测成功而事实上不成功组（即测定或评定为“成功”，而工作实绩为不成功）；预测不成功而事实成功组（即测定或评定为不成功组，而工作实绩为成功）；预测不成功，而实际也不成功组（即测定或评定成绩为“失败”，工作实绩也为失败）。我们把正确的判断称为“命中”，把不正确的判断称为“失误”。分类法的图解如表 5.6 所列。

表 5.6　分类表

效标 / 预测		工作成绩	
		成功（+）	失败（-）
测评成绩	成功（+）	命中（A）	失误（B）
	失败（-）	失误（C）	命中（D）

分类法用取舍正确率（R_{CT}）为指标来度量效度：

$$R_{CT}=\frac{A+D}{A+B+C+D}$$

分类法主要优点是与现实情况紧密衔接，直接性强，容易理解。缺点是分组划分太死板，常常把相近的水平划归为不同的组中，容易引入误差。

【例 5】某工交公司对 240 名司机进行了反应速度的测验，用〔1，8〕区间的不同数值代表个体反应时的差异。把三年中未发生事故的司机定义为成功，把发生一次以上事故的司机定义为不成功。240 人的成绩与安全性水平的分布如表 5.7 所列。如果把反应时的测验成绩以5分为标准界限（5分或5分以上的成绩为成功，5分以下为失败），表5.7可转换为分类表5.8。

$$取舍正确率\ R_{CT}=\frac{108+44}{240}=63\%$$

表5.7 **240个司机的分布图**

反应时测验成绩	成功（未发生事故的司机）人数	失败（发生一次以上事故的司机）人数	总人数
8	9	0	9
7	17	0	17
6	37	0	37
5	45	4	49
4	45	7	52
3	27	9	36
2	8	12	20
1	4	16	20
总人数	192	48	240

表5.8 **分类表**

安全水平 / 反应时	成功	不成功
成功	108	14
不成功	84	44

本章重要概念和术语

测评信度　　重测信度　　对半信度　　等值信度

信度系数　　测评效度　　内容效度　　结构效度

效标关联效度　　效标　　取舍正确率

第三篇　人员测评实务

第 6 章
人格测验

在人才选拔工作当中，以往较注重个人的专业和业务能力方面的测验，而忽视在人格特征方面测定。心理学研究表明，有些工作更适合具有某种人格类型特征的人来承担，有些人更适合与具有某种人格特征的人共同工作。合理的人力配置可以带来更高的工作效率，如一个性格内向、不善言辞、不喜欢过多地与他人打交道的人，应尽量避免从事产品推销或公关一类的工作；如果一个人性情急躁、粗枝大叶，那么他就不适合从事文字校对和整理资料等需要耐心细致的工作。因此，将人格测验应用到人员测评的工作中，更有利于提高测评工作的全面性和有效性。

6.1　人格

6.1.1　人格的含义

人格，或者称为个性，在英语里叫做 personality，这个词来源于希腊语中的 persona，它的本意是指演剧时所戴的面具，也就是说代表着各种任务的身份，后来转意成人格。

一个人的人格有两层含义：一是指外在的自我、公开的自我，即每个人在人生的舞台上所表现出来的种种行为，每个人所扮演的不同的社会角色；另外一层含义是指真实的、内在的、内隐的自我，这往往是人们由于某种原因而不愿展示出来的自我。这两种自我都在影响着人们在工作和生活中的表现。

关于人格，心理学家迄今还没有一个权威的界定。通常的理解是个体所具有独特的、稳定的心理特征的总和。它是一个人区分于其他人的精神风貌和行为倾向，是由先、后天的交互作用而形成的。心理测量学意义上的人格主要是指不同于认知能力的人的其他心理成分，通常包括情感、动机、态度、性格、兴趣、品德、价值观等等。因此，心理测验也可以划分为两大类：一类是认知测验，包括智力、能力倾向、特殊能力、知识和技能等测验；另一类是人格测验，包括除了认知测验之外的各种测验。

6.1.2 人格的主要特性

1. 整体性和层次性

首先，人格的整体性是指组成人格的各个要素不是孤立的、互不相关的，而是统一在一个有机的整体之中的。人格内在的统一性，也是一个人心理健康的重要标志。其次，人格的层次性是指根据各种人格成分的意义和作用的不同，可以分成不同的层次。高层次的人格成分对低层次的人格成分具有控制作用，处于核心的地位。

2. 独特性和共同性

一个人既具有自己独特的人格特征，也具有其所从属的团体中的一些共同的特征。例如，北方人的群体有一些共同的人格特征，南方人的群体可能具有另一些共同的人格特征。我们知道某个人处于某个特定的群体，就可以推论他可能具有某些特定群体的人格特征。

3. 人格具有稳定性

一个人在不同的时间和场合，常常表现出一些一致性和持久性的人格特征。人格的这种稳定性的特征，为我们从一个人目前的行为表现推论其未来可能的行为表现提供了可能性。

4. 人格具有可变性

人格并不是一成不变的，往往受到家庭环境、社会环境、工作性质以及个人观念等多方面的影响，因此稳定性是相对的，可变性是必然的。

6.1.3 人格特质理论

在对一个人的人格进行描述的时候，最简单和直接的方法就是以一个人最突出的心理特点来刻画一个人的人格特征。例如，一个人最突出的个性特征是外向，那么我们就说这个人是一个外向型的人。这种以人的最突出的人格特点将人分类并加以描述的人格理论被称为人格的类型理论。另一种人格描述的方法是用多种心理特点来刻画一个人的人格特征，把一个人划分为多种特质，通过多种特质来描述人格特征的人格理论被称为人格的特质理论。人格的类型理论和特质理论是人格的两大基本理论体系，在这里，我们着重介绍的是后一种理论。

所谓特质是指人的稳定的、经常表现的行为方式。人格的特质理论可假设人有多种特质，每个人都不同程度地具有这些特质，人与人之间的差异在就于人与人之间特质水平上的差异。

1. 奥尔波特的特质理论

美国的心理学家奥尔波特是最早提出特质概念的人。他认为特质是一般化了的个人所具有的神经心理结构，是真实存在的，它具有指挥个体行为的能力。他将特质划分为共同特质和个人特质：共同特质是在一定的文化形态下，所有人都具有的心理倾向性；个人特质是个人所具有的特点，表现出个人的个性倾向性。他又将共同特质分为重要特质、中心特质和次要特质：重要特质在人的生活中居于统治地位，支配着人的基本行为；中心特质比重要特质的概括性要低，通常用中心特质来描述人的个性；次要特质是指只有在特殊的情境中才能显示出来的特质。

2. 卡特尔的特质理论

美国心理学家卡特尔接受奥尔波特的特质定义，认为特质就是在不同时期和情境中都能保持行为形式的一致性，主张人格基本结构的元素是特质。卡特尔对描述人格的词汇进行相关研究，得出了35个特质群，他将这些特质群称为表面特质。他又将这些表现特质进行因素分析，得到16个基本特质。卡特尔将这16个最基本的特质称为是根源特质，他认为根源特质是构成人格的基本要素，是行为属性和功能的决定因素。

3. 艾森克的人格三维学说

英国的心理学家艾森克认为人格的三个最基本的因素是内外倾性、情绪稳定性和精神性，这三个因素构成了人格的相互垂直的三个维度。人们在这三个方面的不同倾向和表现程度，构成了他们不同的人格特征。

4. 大五人格模型

大五人格模型来源于人格的词汇学研究方法。词汇学的基本假设是，在各种文化下，自然语言中都包含了所有的能够描述人格的词汇，也就是说所有的人格特质都被包含到自然语言中去。通过对众多词汇的研究，使研究者们得出了五大类因素。虽然不同学者得出的五大类因素不尽相同，但均有一定相似之处。一般认为，这五类因素包括：

①外向性：包括健谈、自信、精力充沛等。

②随和性或者宜人性：包括好脾气、合作、可信赖等。

③可靠性：包括谨慎、负责、有条理等。

④情绪稳定性：包括冷静、不神经过敏、不易扰乱等。

⑤修养或文化：包括有才能、有教养、精干等。

6.2 人格测验方法

人格测验通常用于测定个体的气质、性格、价值观、成就需要、抱负水平等方面的内容。通常，人格测验的方法可分为自陈量表测定法和投射测验法两大类。

6.2.1　自陈量表测定法

自陈量表测定法是西方常用的一种人格测验方法。它是指研究者利用自陈式量表让受试者本人对自己的人格按照自己的意见予以评价，然后根据结果进行人格鉴定的方法。

所谓自陈，就是让受测者自己提供关于自己的人格特征的报告。自陈式量表的基本假设是，只有被试者自己最了解自己，因为自己可以随时随地地观察自己，而任何其他的观察者都不可能了解被试者行为的所有方面。而且，人格特征具有内隐性，有时从外部很难观察得到。

自陈式量表的题目一般都是关于人格特征的具体行为和态度的描述。从特征维度上看，自陈式量表的刺激是明确的，测验目的一般是非伪装的，被试者的回答是封闭的，属于言语的测验，大多数量表都经过了标准化，因而是客观的和定量的测量，对结果的解释有可资参照的常模资料。从应用上来看，由于其客观性和经济性，因而应用得较为广泛。自陈式量表既有单相量表，也有多相的量表，它所测量的重点是个体的人格特质。

自陈式量表的特点主要有：第一，测量工具一般为调查表。所谓调查表就是了解被试者情况的细目表，相当于一个标准化的访谈提纲。第二，量表中题目的数量比较多。由于人格特质种类繁多，但大多数没有明确的定义，而人的行为又是由多种因素决定的，很容易受具体情境影响，如果题目数量太少，就不可能测出完整的人格结构和被试者的典型行为。第三，在同一个量表中往往包含几个分量表，由每个分量表测量一种人格特质。第四，测验通常采用纸笔形式，可以进行团体施测。第四，在人格测验中，被试者本应按自己的实际情况做答，但有人为了给别人以好印象或把自己装扮成具有某种人格特征的人，会做出不符合实际的回答。有时，被试者还会表现出一些特殊的反应倾向，如猜测、折中、默认等等。

国际上常见的自陈式量表有：卡特尔16种人格因素问卷(16PF)、明尼苏达多相人格问卷（MMPI)、艾森克人格问卷、内外向人格问卷以及加州心理问卷（CPI）等。

6.2.2 投射测验法

所谓投射，就是研究者利用某些材料（刺激情境)，呈现在受试者面前让其回答，使其在不自觉的情况下，在做出回答反应时把自己的思想、情感等存在于下意识水平的人格特征，在他人或环境中的其他事物上反映出来的过程。利用这种投射技术编制的测验就叫做投射测验，一般用于选择高级管理人员。

从测验的特征维度上看，投射测验有以下一些显著特点：第一，在测验的刺激上，投射测验使用的是模棱两可的刺激，如云迹图、墨迹图等等，测验的内容以潜意识为主；第二，测验目的多是伪装的；第三，被试者可以完全自由回答，因而是无组织的；第四，测验难以标准化，多由训练有素的专家进行，在结果分析上，以定性分析为主，有许多推论；第五，在结果解释上多是参照人格障碍标准进行衡量的。

根据被试者的反应方式，可以将众多的投射测验分为5类：

①联想法。要求被试者根据刺激说出自己联想的内容。例如，荣格的文字联想测验和罗夏克的墨迹测验等。

②构造法。要求被试者根据他所看到的，编造出一个包括过去、现在和未来发展的故事，可以从故事中探测其个性。例如，主题统觉测验等。

③完成法。要求被试者对一些不完整的句子、故事进行自由补充，使之变得完整，从中探测其个性。例如，句子完成测验。

④选排法。要求被试者根据一定的准则（意义、美观等）来选择项目或做出排列，使被试者在选择和排列的过程中显露出其

人格特点。

⑤表达法。要求被试者用某种方法（绘画、游戏、心理剧等）自由地表露其人格。例如，画人测验、画树测验等。

6.3 卡特尔16种人格因素问卷（16PF）

6.3.1 测验结构及测验方法

卡特尔16种个性因素测验是美国伊利诺州立大学个性及能力测验研究所的卡特尔教授于1949年编制的，其后又几经修订，形成若干版本，它适用于16岁以上青年人及成年人。16PF确定了16种人格特征，据此编制人格量表。这16种因素的名称及符号是：

A	乐群性	B	聪慧性	C	稳定性	E	恃强性
F	兴奋性	G	有恒性	H	敢为性	I	敏感性
L	怀疑性	M	幻想性	N	世故性	O	忧郁性
Q_1	实验性	Q_2	独立性	Q_3	自律性	Q_4	紧张性

根据这16种人格特征，16PF编制了187道题目，每种特征各有11道题。另有11道测谎题，用来测试被试者答案的真实性。其题目形式如下：

①我有能力应付各种困难

A. 是的　　B. 不一定　　C. 不是的

②我总是不敢大胆批评别人的言行

A. 是的　　B. 有时如此　　C. 不是的

③我的思想似乎

A. 比较先进　　B. 一般　　C. 比较保守

对问卷中的每个问题，全部问题选答完以后，按事先制定的计分方法（每个答案均赋以相应的分值，一般为0.5分、1分或2分），计算出16种人格因素的原始分数，然后对照常模换算成标准分数，从而确定16种人格因素的倾向，并可在16种人格因素测验轮廓模型上确定其各自的位置点，把各点用折线连起来就表示一个人的人格特征（见表 6.1 所列）。

表 6.1 卡氏 16 种人格因素测验轮廓型

人格因素	原分	标准分	低分者特征	标准值										高分者特征
				1	2	3	4	5	6	7	8	9	10	
乐群 A_{28}			缄默孤独	· · · · · · · · · · · · ·										乐群外向
聪慧 B_{13}			迟钝、学识浅薄	· · · · · · · · · · · · ·										聪慧、富有才识
稳定 C_{26}			情绪激动	· · · · · · · · · · · · ·										情绪稳定
恃强 E_{26}			谦逊顺从	· · · · · · · · · · · · ·										好强固执
兴奋 F_{26}			严肃审慎	· · · · · · · · · · · · ·										轻松兴奋
有恒 G_{20}			权宜敷衍	· · · · · · · · · · · · ·										有恒负责
敢为 H_{26}			怯退缩	· · · · · · · · · · · · ·										冒险敢为
敏感 I_{20}			理智、着重实际	· · · · · · · · · · · · ·										敏感、感情用事
怀疑 L_{20}			信赖随和	· · · · · · · · · · · · ·										怀疑刚愎
幻想 M_{26}			现实、合乎成规	· · · · · · · · · · · · ·										幻想、狂放不羁
世故 N_{20}			坦白	· · · · · · · · · · · · ·										精明能干直率
忧虑 O_{26}			安详沉着、有自信心	· · · · · · · · · · · · ·										忧虑抑郁、烦恼多端
实验 Q_1^{20}			保守、传统	· · · · · · · · · · · · ·										自由、激进
独立 Q_2^{20}			依赖、随群附众	· · · · · · · · · · · · ·										自立、当机立断
自律 Q_3^{20}			矛盾冲突、不明大体	· · · · · · · · · · · · ·										知己知彼、自律谨严
紧张 Q_4^{26}			心平气和	· · · · · · · · · · · · ·										紧张困扰

6.3.2 分数解释

这些解释主要是根据卡特尔本人的论述综合而成的。他与其他研究者比较了不同社会团体、不同职业的从业者，以及不同年龄、不同家庭背景中的受测者们在16种“根源特质”上的差异，提出了一些一般性的规律。解释中所说的“职业上倾向于”意思是说所倾向于的这类职业特质较为突出。

现将16种因素的得分解释摘录如下：

1. 因素A

高分者：开朗、热情、随和，倾向于承担责任和担任领导，职业中容易得到晋升。如推销员、企业经理、教士、社会工作者等多具有此种特质。

低分者：保守、孤僻、拘谨，在职业上倾向于从事富于创造性的工作。如艺术家、音乐家。

2. 因素B

这是一个智力因素，高分者较聪明，低分者较迟钝。

3. 因素C

高分者：情绪稳定、成熟，在集体中较受尊重。职业上倾向于从事技术性工作、管理性工作及飞行员、空中小姐、护士、研究人员、运动员等工作。

低分者：情绪不稳定、幼稚、意气用事。职业上多倾向于从事会计、办事员、农工、售货员等职业。

4. 因素E

高分者：武断、争强好胜、固执己见。有时表现出反传统倾向，社会接触较广泛。创造性和研究能力较强，经商能力稍差。职业上倾向于飞行员、竞技体育运动员、管理人员、艺术家、研究人员。

低分者：谦卑、温顺、随和、惯于服从。职业选择上倾向于教士、咨询顾、问办事员等。

5. 因素F

高分者：轻松、愉快、逍遥、放纵、社会联系广泛、在集体中较引人注目。职业上倾向于运动员、商人、水手，惯犯中具此种特质人较多。

低分者：节制、自律、严肃、沉默寡言。不容易犯罪，不喜欢冒险。职业上倾向于会计、行政人员、艺术家、科研人员等。

6. 因素 G

高分者：真诚、执著、道德感强、社会责任感强，受到周围人的好评，会自然而然地成为领导性人物。职业上倾向于会计、教士、百货经理等。

低分者：自私、不讲原则、不尊重父母、缺乏社会责任感。职业上倾向于艺术家、社会工作者、竞技运动员、作家、记者等。

7. 因素 H

高分者：冒险、在社会行为方面胆大妄为，副交感神经占支配地位。职业上倾向于竞技体育运动员、商人、音乐家、机械师等。

低分者：害羞、胆怯、易受惊吓。职业上倾向于牧师、教士、编辑人员、农业工人。

8. 因素 I

高分者：细心、敏感、依赖性强、缺乏自信，一般女性得分高于男性。职业上倾向于美术、教授、社会工作者、编辑。

低分者：粗心、自立、现实、自信。职业上倾向于物理学家、销售经理、警察等。

9. 因素 L

高分者：多疑、戒备、不易受欺骗、缺乏合作精神。有时有自杀、同性恋、违法、吸毒等行为。职业上倾向于艺术家、编辑、创造性科学研究人员。

10. 因素 M

高分者：富于想像，对事漫不经心，在集体中不太被人们看重、不易被晋升、具此种特质的人大多属于艺术家。

低分者：现实、脚踏实地、处事稳妥、具忧患意识、办事认真谨慎。

11．因素 N

高分者：机敏、狡黠、世故、人情练达，在集体中受到人们的重视。职业上倾向于心理学家、企业家、商人、空中小姐等。

低分者：直率、坦诚、有时显得过于刻板。职业上倾向于汽车修理工、厨师、警卫。

12．因素 O

高分者：忧郁、自责、杞人忧天、朋友较少、无领袖欲望、牢骚满腹。职业上倾向于艺术家、教士、农工等。

低分者：自信、坦然、宁静，有时自负，容易适应环境，知足常乐。职业上倾向于战斗飞行员、竞技体育运动员、行政人员、物理学家、机械师、空中小姐、心理学家。

13．因素 Q_1

高分者：好奇、思想自由、开放、激进，接近进步的政治党派。职业倾向于艺术家、作家、工程师、教授。

低分者：保守、循规蹈矩、尊重传统。职业上倾向于运动员、教士、农工、机械师、军官、保姆。

14．因素 Q_2

高分者：自信、有主见、足智多谋、遇事勇于自己做主、不依赖他人、不推诿责任。职业上倾向于创造性工作，如艺术家、工程师、科学研究人员、教授、作家。

低分者：依赖性强、缺乏主见、是权威的忠实追随者。职业上倾向于护士、尼姑、社会工作者。

15．因素 Q_3

高分者：较强的自制力、准确的意志力、有良好的自我感觉和自我评价、能提出有价值的建议。职业上倾向于大学行政领导、科学家。

低分者：不能自制、不遵守纪律、为所欲为、漫不经心、不尊重社会规范。在职业上倾向于艺术家。

16．因素 Q_4

高分者：紧张、有挫折感、经常处于被动局面、不自然、做作。在集体中很少被选为领导，经常自叹命薄，在压力下容易惊慌失措。职业上倾向于农业工人、售货员、作家、记者。

低分者：放松、平静、不敏感、有时反应迟钝。职业上倾向于空中小姐、飞行员、海员。

6.3.3 16PF 在人员测评中的作用

卡特尔 16 种人格测验还可以根据实测结果推算出一些计算公式，用于评价被测人员以下几个方面的素质特征：

1．心理健康状态

心理健康状态几乎是一切职业及事业成功的基础，心理不健康，其学习及工作效率都会因之降低。心理健康的主要因素是：情绪稳定（高 C）、轻松兴奋（高 F）、有自信心（低 O）、心平气和（低 Q_4），其推算公式为

$$C+F+(11-O)+(11-Q_4)$$

心理健康者的标准分通常介于 0～40 分之间，均值在 22 分。一般不及 12 分者情绪颇不稳定，但仅占分布的 10%。担负艰巨任务的人，一般都具有较高的心理健康标准分。

2．从事专业者的人格因素

选择专业人才的标准主要是智力，但某些人格因素也是构成专业气质的重要成分。专业人格因素主要有：好强的抱负（高 E）、冒险敢为（高 H）、富于幻想（高 M）、精明能干（高 N）、批评激进（高 Q_1），其推算公式为

$$E+H+M+N+Q_1$$

3．专业有成就者的人格因素

某些人格因素也是取得专业成就的重要成分。主要有：知己

知彼、自律严谨（高 Q_3）、有恒负责（高 G）、情绪稳定（高 C）、好强固执（高 E）、精明能干而世故（高 N）、自立、当机立断（高 Q_2）、自由批评激进（高 Q_1）、其推算公式为

$$2Q_3 + 2G + 2C + E + N + Q_2 + Q_1$$

通常总分介于 10～100 分之间，平均分在 55 分，总和在 67 分以上者，一般应有所成就。

4. 创造力强的人格特征

具有较高创造力的人，一般具有以下几方面的特征：缄默孤立（低 A）、聪慧而富有知识（高 B）、好强固执（高 E）、严肃审慎（低 F）、冒险敢为（高 H）、敏感、感情用事（高 I）、幻想、独立不羁（高 M）、坦白直率（低 M）、自由、批评、激进（高 Q_1）、自立、当机立断（高 Q_2），其推算公式为

$$(11 - A) \times 2 + 2B + E + (11 - F) \times 2 + H + 2I + M + (11 - M) + Q_1 + 2Q_2$$

5. 缺乏专业训练技术工作者人格因素

这些因素主要有：聪明程度一般、情绪稳定（高 C）、心平气和（低 Q_4）、现实、合乎成规（低 M）、谦逊顺从（低 E）、知己知彼、自律严谨（高 Q_3）、有恒负责（高 G）、其推算公式为

$$B + C + (11 - Q_4) + (11 - M) + (11 - E) + Q_3 + G$$

6. 在新环境中成长能力因素

这些因素主要有：聪慧（高 B）、有恒负责（高 G）、知己知彼、自律谨严（高 Q_3）、严肃审慎（低 F），其推算公式为

$$B + G + Q_3 + (11 - F)$$

7. 管理事务有效因素

这些因素主要有：现实合乎成规（低 M）、有恒负责（高 G）、自律严谨（高 Q_3）、心平气和（低 Q_4），其推算公式为

$$11 - 2M + 2G + Q_3 + (11 - Q_4)$$

以上 7 种的总分，可以通过各自的标准分转换表换算成标准分，从而可以填制综合评价表，作为人员选拔录用的参考。

6.4 明尼苏达多相人格测验（MMPI）

6.4.1 量表简介及结构

该测验是美国明尼苏达大学教授郝兹威和莫利金于 20 世纪 40 年代初期编制的。该测验的问世，对人格测验的发展进程产生了巨大影响。广泛地应用于医疗诊断、企业管理、教育和司法等领域，至今已有近 30 种语言的译本。我国中科院心理所的宋维真等同志已将其引进我国，进行了修订，建立了我国的常模。

MMPI 共有 566 道题目，其中有 16 道是重复性的题目，用以检验被试者反应的一致性和回答是否认真。题目的形式为折中是非型，对每一个问题有“是（Y）”、“否（F）”和“不能确定（?）”三个选择答案，要求被试者选择这三种答案中的一种。一般测验时间为 45 分钟，最多不超过 90 分钟，如果文化水平低可以超过 2 小时。该量表适用于 16 岁以上的成年人，要求具有小学以上的文化程度。MMPI 的内容涉及范围很广，包括身体各方面的情况、精神状态以及个人对政治、法律、宗教、社会、婚姻和家庭的态度等等。所有题目按内容可分为 26 类。

MMPI 有 10 个临床量表，从中可以得到 10 个分数，代表 10 种人格特质。各临床量表的名称及高分者的解释见下表 6.2 所列。

表 6.2 MMPI 临床量表的名称及解释

序号	临床量表	记号	高分者解释
1	疑病	Hs	强调身体疾病
2	抑郁	D	不快乐、抑郁
3	歇斯底里	Hy	对应激的反应有问题

续表 6.2

序号	临床量表	记号	高分者解释
4	精神病态	Pd	与社会缺乏一致性，经常处于法律纠纷之中
5	男性化-女性化	Mj	女性倾向（男子）；男性倾向（女子）
6	妄想狂	Pa	多疑
7	精神衰弱	Pt	烦恼、焦虑
8	精神分裂	Sc	孤独、古怪思想
9	轻躁狂	Ma	冲击、激动
10	社会内向	Si	内向、害羞

6.4.2 MMPI 题目举例

部分题目举例如下：

(30) 有时我真想骂街。

A. 是 B. 否

(66) 我看到周围有一些人、动物或其他的东西，都是别人所看不到的。

A. 是 B. 否

(549) 许多时候，即使一切顺利，我对任何事情仍然觉得无所谓。

A. 是 B. 否

(565) 当我站在高处的时候，我就很想跳下去。

A. 是 B. 否

6.5 罗夏墨迹测验

6.5.1 测验简介

罗夏墨迹测验（rorschach ink.blot test）是由瑞士精神病医

生罗夏编制。他的墨迹图的制作方法是：在一张纸中间滴上墨汁，然后将纸对折，用力压下，这样墨汁就会向四面八方流动，形成对称但形状不定的图形（如图 6.1 所示）。

图 6.1 罗夏墨迹图

罗夏墨迹图测验的材料是 10 张没有意义和内容的对称的墨迹图片，其中 5 张是黑白的，3 张是彩色的，2 张是除了黑色外，加上鲜明的红色。它利用被试者惯常的趋向，将墨迹图片想像成具体的形象，从而在无意中反映出被试者的思想、愿望、情感等方面的特征。测验要个别施测；且应在安静、光线充足、温度适宜的房间内进行，由一位经过严格训练的主试来主持，并且要求被试者充分合作。

6.5.2 测验基本过程

首先，主试人员按既定的顺序，逐一出示图片，问被试者："你看到了什么？"、"这像什么东西？"、"这使你想到了什么？" 等等。在此过程中，主试人员可以转动图片，让被试者从不同的角度观看（不受时间限制）。然后，主试人员要求被试者根据自己想像的内容自由地描述。如果被试者不愿意回答，主试人员应该尽量鼓励他，实在不能回答时再换一张图片。与此同时，主试人员要把被试者的全部反应都详细地记录下来，逐字逐句地记下被试者所讲的话，记下从每张图片出现到第一次做出反应所需的时间，各次反应之间较长停顿的时间，对每张图片反应所需要的时间，以及被试者的附带动作和其他重要行为。

罗夏测验的评分与解释十分困难，须由专业人员进行。记分时主要考虑 6 个方面：

1．反应时间

根据被试者对每张图片所反应的时间，来分析其神经类型、人格类型等特点。

2．反应总数

根据被试者在图片中看到的物体数的多少，来分析其智力水平、情绪状态以及联想是否丰富等特点。

3．反应的部位

根据被试者对墨迹图的反应是着重什么部位，来分析其观察问题、分析问题的风格。

W（整体反应）——被试者对墨迹的全部或几乎全部进行反应。W 分数过高可能提示被试者思维有过分概括的倾向，或愿望过高。W 分数过低或没有，表示被试者缺乏综合能力。

D（明显局部反应）——被试者对墨迹图的空白、浓淡或色彩所隔开的大部分进行反应。有较多数量 D 答案的被试者，可能表示有良好的常识。

d（细微局部反应）——被试者对墨迹图的空白、浓淡或色彩所隔开的部分进行反应。

Dd（特殊局部反应）——被试者对墨迹的极小的或不同一般方式分割的一部分进行反应。Dd 分数高的被试者，可能提示其刻板或不依习俗的思维。

S（空白部分反应）——被试者将墨迹图作为背景，将空白部分作为对象，对白色空间做出的反应。

4. 反应的决定因素

根据被试者进行反应的决定因素是什么（是墨迹的形状，还是颜色，把图形看成是静的还是动的?）来分析其情绪的稳定性、思维类型以及内倾与外倾等特点。一般应注意以下4个因素：

F（形状）——被试者的知觉由形状或形式决定。被试者的反应与墨迹形状甚为接近，表示被试者具有现实性的思维；极差的外形相似性可能意味着被试者的思维过程混乱。

M（运动）——被试者在墨迹中看到人或动物在运动。M多表示情感丰富，M少则可能意味着人际关系差，M也是内向性的符号。

C（彩色反应）——被试者的反应由墨迹的色彩决定。C得分高表示外向情绪不稳定。

K（阴影反应）——被试者的反应决定于墨迹的阴影部分，可被认为是焦虑的指标。

5. 反应的内容

根据被试者把墨迹看成什么（见表6.3所列）来分析其愿望、态度、思想等特点。

表6.3 罗夏墨迹测验反应的内容

1. 人	9. 动物的部分	17. 地图
2. 非现实的人	10. 非现实动物的部分	18. 风景
3. 人的部分	11. 动物制品	19. 艺术
4. 非现实人的部分	12. 动物解剖	20. 抽象
5. 人的解剖	13. 植物	21. 血液
6. 性	14. 自然	22. 云、烟
7. 动物	15. 物体	23. 火
8. 非现实的动物	16. 建筑物	24. 爆发

6．反应的普遍性

根据被试者的反应与一般人的反应是否相同，通常可将反应分为两种：普遍反应（P）表示多数人共有的反应；独特反应（O）表示比较特殊的反应。做出特殊反应的被试者，可能基于创造性联想，也可能是病态思想的象征。对此，只有经验丰富的主试人才能做出正确的区分。

本章重要概念和术语

自陈量表测定法　　　　投射测验法

卡特尔 16 种人格因素问卷（16PF）

明尼苏达多相人格测验（MMPI）

罗夏墨迹测验

第7章
能力测验

在心理学上，能力是指个体顺利完成某项活动所必备的心理特征的总和。任何一个人的能力与其他人都有可能不同，且表现出自己的特点。比如有的人想像力十分丰富，异想天开，有别出心裁的创意；有的人动手能力很强；而另一些人则社交能力强。正因为人与人之间存在能力差异，所以我们才有必要对其进行测评，以便选贤举能，合理地使用人才。

但识别人的能力差异并不是个简单的问题，“千里马常有，而伯乐却不常有”。为了客观、定量地对人的能力进行测定，长期以来许多人致力于这方面的研究，提出了一系列有效的测验方法，如智力测验、速度测验、语言测验、思维能力测验、特殊能力（文书能力、机械能力、操作能力等）测验、创造能力测验等。因此，本章就能力测验有关内容加以介绍。

7.1 思维能力测验

7.1.1 思维敏捷测验

思维敏捷测验是用于测试个体的思维敏捷程度。

1. 测验题目内容

该测验共设有20个题目，其内容并不很深，但要求被试者在25分钟内独立完成，如不到25分钟就已做完，还可加分。

1）观察下列方块图型，将第二组方块中哪一块放入第一组方块的空白里最合适？

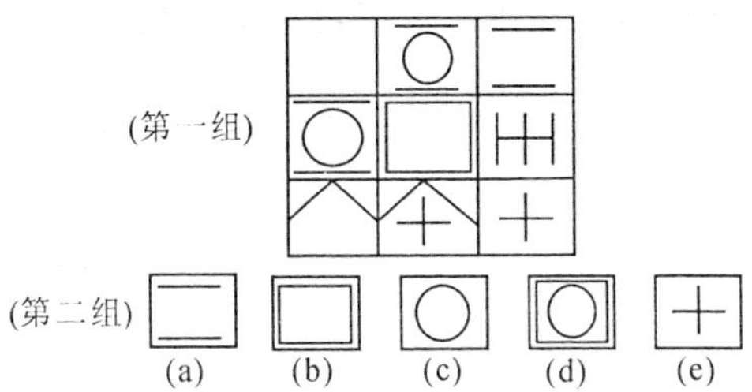

2）房子的价钱是 5.6 万元，课税时以房价的 75% 计算，税率是以课税价格的 15‱，税额应为多少？

(a) 310 元　　(b) 530 元　　(c) 630 元

(d) 840 元　　(e) 1 080 元

3）以下是三个方块，前两个中的四个数字是按一定规则排列的，请按同一规则在第三个方块的右下方填上适合的数。

1	2
3	9

3	2
3	15

2	3
2	?

4）下面的图形里有多少个四边形？

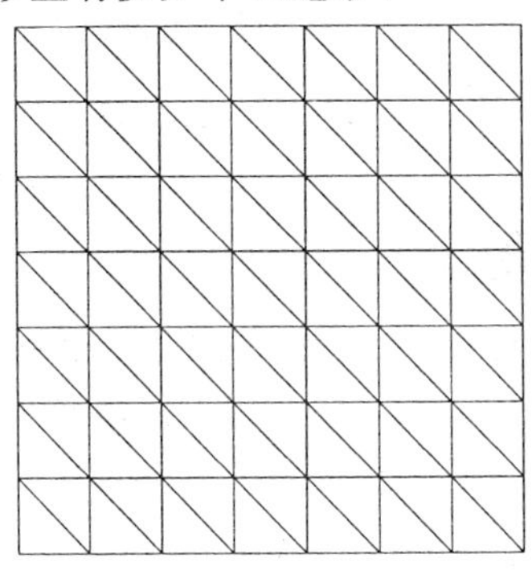

5）用下面数字中最少的数目组合成 100，每个数字只能用一次。

5　17　19　37　39　46　66

6）下面一组图形是按一定逻辑关系排列的，试想一下，紧接在图6后面的应是什么图形？

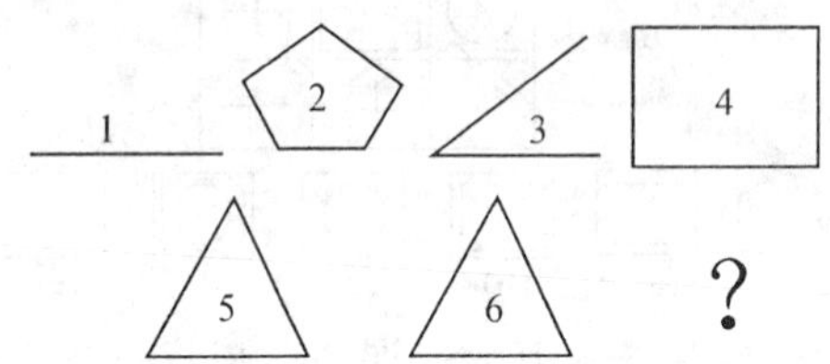

7）在下面的一组词中，哪一个意思不合群？

(a) 电话　　(b) 炉子　　(c) 收音机

(d) 电报　　(e) 电视

8）你站在水泥地上，让鸡蛋从你手中掉落1米距离而不打破蛋壳，你能办得到吗？

9）如果M高于N和O，N又高于O而低于P，下面哪种说法正确？

(a) M不高于O和P　　(b) O高于N

(c) P高于O　　(d) O高于P

10）下面一串珠子，最后一颗应该是什么样子的？

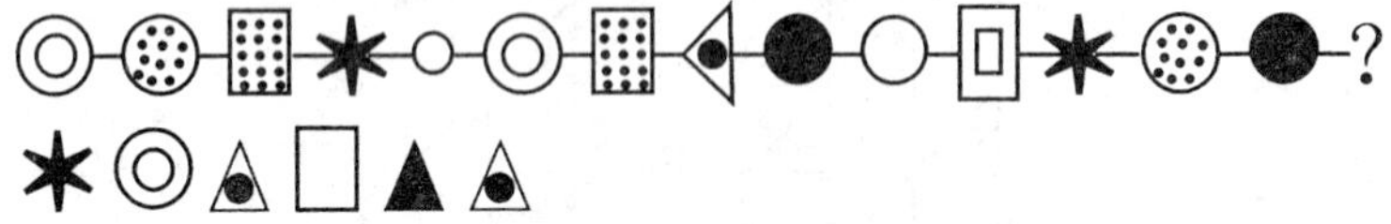

11）有家服装商店用一套独特的办法给服装定价，羊毛背心为20元，方格花呢裙为25元，尼龙运动衫为25元，丝领带为15元。那么，一件真丝府绸女衬衫要多少钱？

12）以下字列的下一个应是什么？

BAD　CEF　DIG　FOH　?

13）一位妇女买了一打橙子，两打苹果，她用了6个橙子榨汁，12个苹果做饼馅，然后又去商店买了相当于余数一半的苹果，请问她总共有多少个水果？

14）“及时缝一针，可以省九针”这句话的意思是：

(a) 假如把工作及时处理掉，可以省掉许多麻烦

(b) 缝纫时要做得谨慎

(c) 衣服总会破，但不一定能缝补

(d) 小问题今天解决，明天就不会变成大问题

(e) 上述的意思都不合适

15）在第二组的方块中，哪一个图案最适宜放在第一组的空格处？

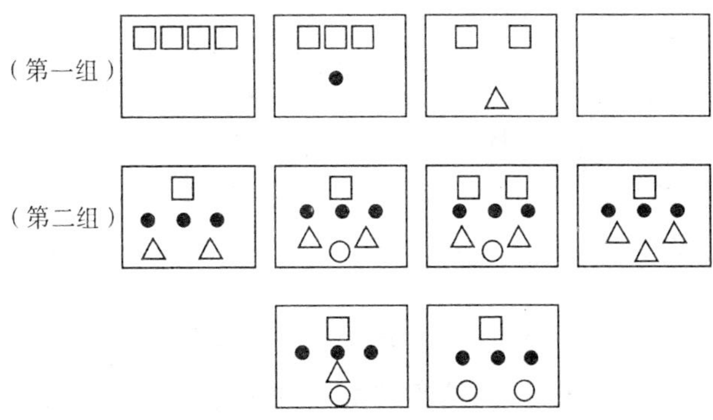

16）两个父亲和两个儿子买了三只鸡，每人都带了一只鸡回去，这可能吗？

17）据调查，观看电视的体育节目，男的比女的多，因此可以下这样的结论：

(a) 男的比女的懂体育

(b) 男的对体育方面比女的内行

(c) 男的和女的都懂体育，只不过男的花多些时间去看罢了

(d) 没有足够证据做出上述任何一项结论

18）下图第二组的方格哪一个最适宜接到第一组的最后一个？

19）下面哪一样同其他的最不相同？

(a) 行星　(b) 星座　(c) 太阳　(d) 月亮　(e) 星

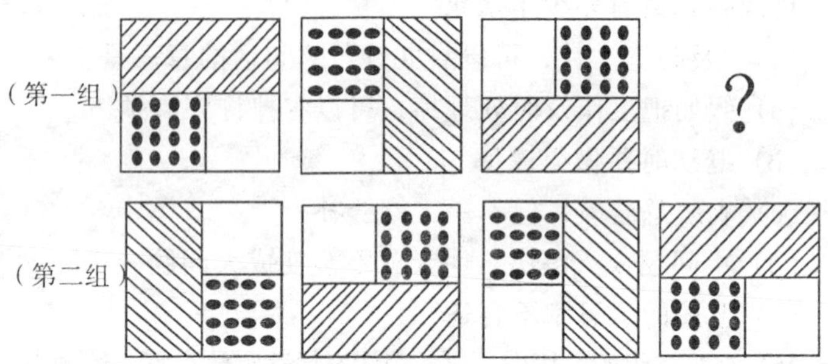

20）下星期我将去饭店吃饭、参观美术馆，到税务局去和去医院检查我的隐形眼镜。饭店逢星期三休息，美术馆只在星期一、三、五开放，税务局周末不办公，医院的眼科门诊时间是星期二、五、六。那我该在哪一天去把一切事情都办妥呢？

2. 测验题目的解答

1）(c)。第一组各行图案的组成方式是：中间方块图案减左边方块图案等于右边方块图案。

2）(c)。56 000×0.75×0.015＝630（元）。

3）10。各方块中上方两个数相加再乘以左下方的数等于右下方的数。

4）3 108 个。

5）17，37，46。

6）任何四边形。图形的排列是两种系列的交错。单数图形的边数依次增一，第一个只是一条线，第三个有两条边，第五个是三角形（三条边）。双数的图形边数依次减一，第二个是五边形，第四个是正方形（四条边），第六个是三角形（三条边）。

7）(b)。其他的都是电信设备。

8）从距离水泥地 1.5 米的高度松手，鸡蛋掉到 1 米时还没有着地，赶快用手接住。

9）(c)。

10）这串珠子的排列有这样的规律，第4粒珠子为一组，每组总是开头两粒是圆的，第三粒是方的，第4粒是带角的，可见要补上的一粒珠子一定是一粒方珠子。

11）35元。这家服装商店是以字计价的，每一个字为5元，“真丝府绸女衬衫”共是7个字。

12）GUJ。第一个字母是顺序的辅音。第二个字母是顺序的元音。第三个字母是从D开始顺序的辅音。

13）27。

14）(d)。

15）(b)。第一方块中的第一行小方格数量依次减一，第二方块引入一个新图形，随后依次增一。第三方块再引入一个新图形，如此类推。这样第四方块的第一行的小方格只剩下一个，第二行的黑点增至三个，第三行的三角形增至两个，同时又引入一个新图形。

16）两个父亲和两个儿子，即为祖父、父亲和儿子。

17）(d)。所有结论的证据均不充足。

18）图案照顺时针方向，每次转90°。

19）其他都是单个物体，星座是群体。

20）星期五。

3. 评定标准

每答对一题得1分，25分钟内完成加1分，21分钟内完成加2分，不到18分钟完成的加3分。如果总分是：

23～18分，表明思维十分敏捷。

17～16分，表明思维比较敏捷。

15～14分，表明思维敏捷程度一般。

14分以下，表明思维敏捷程度在一般以下。

7.1.2　发散思维能力测试

在创造性思维过程中，我们可以看到两种情况：一种是发散过程，另一种是收敛过程。发散性思维可使人的思维趋于灵活，是一种推测、想像和创造的思维过程；而收敛性思维则是指综合多种已有信息，并导出一种结论的思维过程。在创造性思维过程中，发散性思维占主导成分。

发散性思维有时会得出一些异想天开的方法。比如有人想到，人要每天通过活动的方式释放能量，是否可以利用它来发电呢？要使这些异想天开的方法得到实现，先要经过充分发散，设想上百种方案，然后运用逻辑推理、实验研究来加以集中，抓住最佳线索，做出创新的成果。上面提到的“人力发电”的想法，经过实验研究，解决了工艺问题后，已经得到了成功。方法是制作一个装有特殊杠杆齿轮机构的毯子，人在上面一走，杠杆就带动齿轮转动发电。

1. 测验内容

下面有 6 道题目，请被测人做，根据测试分析就可以知道一个人的发散性思维能力的高低了。

1）请你写出所能想到的带有“土”结构的字，写得越多越好（5 分钟完成）。

2）请你用数字或字母，以各种数学运算形式来完成“1 = ?”这一等式，写得越多越好（5 分钟完成）。

3）请你举出包含“三角形”的各种物品，举得越多越好（10 分钟完成）。

4）给你三条直线，一个任意三角形，请你同时使用这些简单图形和线条，组成各种有意义的图案，画得越多越好（10 分钟完成）。

5）请你列举出所能想到的普通砖头的各种用途，举得越多越好（10 分钟完成）。

6）请你根据以下故事情节，用简洁的语言（不超过一百字）写出故事的各种可能的结尾，写得越多越好。

古时候，有兄弟三人。大哥、二哥好吃懒做，三弟勤劳聪明。三兄弟长大后都成了家。有一天，他们在一起喝酒，大哥、二哥提议："从现在起，我们三人说话，互相不准怀疑，否则罚米一斗。"酒后，大哥说："你们总说我好吃懒做，现在家里那只母鸡一报晓，我就起床了……"三弟直摇头说："哪有母鸡报晓之理?"大哥嘿嘿一笑说："好！你不信我的话，罚米一斗。"二哥接下去说："我没有大哥这么勤快，因此，家里穷得老鼠撵着猫吱吱叫……"三弟又连连摇头，二哥得意地说："你不信，也罚米一斗。"后来……（10分钟完成）

2. 测验评判标准

发散性思维的评判标准分为流畅性、变通性、独特性。

流畅性。它是发散性思维的最低一个层次的特性，它仅仅体现思维的数量，也就是把对某一问题用发散思维做出的答案的多少作为其高低的。流畅依赖于一个人记忆信息量和知识的多少，它反映一个知识面的广博程度。上述6道题，你一共写出多少个答案，每一个答案计1分，然后对照表7.1，就可知道被试者发散性思维的流畅性的高低，也标志着被试者发散性思维的熟练程度。

表7.1 分数等级对比表

等 级	差	一般	好	很好
分 数	0～29	30～54	55～74	75～

变通性。变通性就是指对一个问题应从几个方面去考虑答案。它是发散性思维较高层次的特性，它常能给思维带来一些新的思路和想法。因此，评价发散思维的变通性是按照答案可分成几类来打分的，如可分成4类就计4分，最后把6道题的变通性得分加起来，对照下表7.2，就能知道你发散思维变通性的高低。

表 7.2　分数等级对比表

等　级	差	一般	好	很好
分　数	0～11	12～19	20～23	24～

自测题的变通性分类标准，以第一题为例（带 * 号的表示答案有独特性）。

写出带有“土”字结构的字：

①“土”在右方，如：灶、肚、杜等；

②“土”在左方，如：址、墟、增等；

③“土”在上方，如：走、赤、幸等；

④“土”在中间，如：庄、崖等；

⑤“土”在下方，如：尘、塑、堂等；

⑥全部由土构成的字，如：土、圭等；

⑦ *“土”在字中是倒放的，如：辛等；

⑧ *“土”蕴含在字中，如：来、奔、戴等；

⑨其他，如：盐等。

独特性。它是发散思维最高层次的特性，它常常突破常规和经验的束缚。在发散性思维中，答案凡是符合新颖、独特和稀有这三个条件，都被视为有独创性，如上述答案中带 * 号的。

7.1.3　非逻辑思维能力测验

人们在日常的工作、学习和生活中都习惯于用逻辑性思维能力来解决问题。但对于某些创造性活动来说，非逻辑性思维起着极其重要的作用。例如激烈的商战中，许多人之所以能脱颖而出，成为胜者，就是因其具有较强的非逻辑思维能力，巧出奇兵而得。

1. 测验内容

下面一组问题是测验一个人的非逻辑思维能力的。

1）某小学办理新生入学手续时，有两个孩子来报名。他俩长得脸形一样，出生年月日一样，父母姓名也一样。“你们是双胞胎吗?”老师问:“不是!”他俩异口同声地回答。教师奇怪了，怎么不是双胞胎呢？那又是什么关系呢？(时间限制：1 分钟)

2）桌上放着一只盛满咖啡的杯子，小李解手表时不小心把手表掉进去了。小李的手表是不防水的，还好，拿出来时手表上一点没沾水。这是什么道理呢？(时间限制：1 分钟)

3）夜晚，一间房里有几个人在看书，突然停了电，看书的人纷纷到另一间备有蜡烛的房里去了，可老张仍然津津有味地读着书。他难道有“特异功能”吗？(时间限制：1 分钟)。

4）钟在同一时刻，时针、分针和秒针三针重合了。60 秒钟后，它们是否有可能再重合？(时间限制：2 分钟)

5）有三只瓶子并列放在桌上，中间是只红的，红的左边是只白的，红的右边是只绿的。你能否用最少的步骤，使红的左边是绿的，红的右边是白的？(时间限制：4 分钟)

6）电灯开关，拉一次，灯亮，再拉一次灯灭。你能否做到连拉二次而使灯不亮？(时间限制：3 分钟)

2. 测验题目解答

1）他俩是三胞胎（或三胞胎以上）中的两个。日常生活中三胞胎或四胞胎很少见，而双胞胎相对多些。所以看到两个相貌、年龄、父母姓名都一样的孩子，人们就很容易想到是双胞胎。当他们异口同声说“不是双胞胎”时，人们必然会感到纳闷，以致一时难以确定他们的关系。

2）杯子里的咖啡是固体而不是液体。咖啡是一种饮料，固体咖啡必须先冲成液体方能饮用。一说到咖啡，人们首先想到是饮料，所以，对于本问题就难以理解了。

3）老张是个盲人，他读的是盲文，根本不需要灯光。生活中，盲人远比非盲人少，说到晚上读书，人们的习惯反映就是要有灯光，所以停电熄灯后，看书就不可能了。这样思考问题，当然也不会有正确答案。

4）有可能，钟在三针重合时正好停走了。这种情况是极其偶然的，所以对于习惯于用逻辑思维的人来说，本题很可能会成为一条迷径。

5）只要到另一边去看这三只瓶子，左、右位置正好相反。一般说来，调动瓶子位置总是移动瓶子，于是很多人不会往这儿想。

6）可以，断电源或取掉灯泡。看了答案你一定会觉得一般惯于进行逻辑思维的人是想不到这个办法的。

3. 评定标准

在这组题中，若能在规定时间内做一半以上，说明这个人已具有一定的非逻辑性思维。当然，这种能力还只是初步的，它必须在创造性工作和学习中得到培养和锻炼。如果连一半都答不上，或者要花许多时间才能答出来，那就意味着在你日常生活中，很少用非逻辑性思维，应当在今后有意识培养这方面的能力。

7.2 创造力测试

7.2.1 创造力

创造力一般包含下述的能力：敏锐的观察力、抽象的概括能力、想像力、思维的灵活性、预见能力等。但这是从智力角度出发，着重探讨创造力结构的。还可从人格的角度出发，对创造力进行研究。人们早就注意到，一个人是否取得成功，是否具有创造力，不仅在于他的智力，而更多的在于他的人格。一位外国心理学家进行了总结，认为创造性人格主要有 10 个方面的特征：独立性强，自信心强，敢于冒风险，好奇心强，有理想和抱负，不轻易听从他人意见，对于复杂奇怪的事物会感到一种魅力，具有艺术上的审美观，富有幽默感，兴趣爱好既广泛又专一。

综上所述，创造力是个体为了一定的目的，运用已知信息，展开思维想像，产生独特、新颖的思想，并有创造新产品的能力。

7.2.2　测验内容

创造力测试包含如下一些内容：

第一部分：测验创造力

1）请你随便想一个字或念头，然后把你紧跟着联想到的东西写下来，接着再把那东西使你联想到的第二个东西写下来，以此类推，你可以充分发挥你的想像力，注意联想。至于这些联想是否有意义无关紧要。

2）这张图可以代表哪些东西？

3）请你把你所记得的树的名字写下来。

4）尽你的想像力，把你所能想到的白色、柔软而且能吃的东西的名称写出来。

5）你能想像出一张褐色的纸有多少用途吗？

6）请你尽可能多地写出带有“火”字旁的字。

第二部分：测验日常生活中的创造力

1）如果有人让你去做一件以前从没做过的事，你会：

(a) 拒绝去做。

(b) 对此十分感兴趣，但又有几分恐惧，从而犹豫不决，拿不定主意。

(c) 很乐意地去做。

2）你去朋友家拜访时，发现他家的家具摆设很不合理，看着很别扭。这时你会

(a) 对此不发表议论。

(b) 心想如果这是你的家，你会怎样改变这个屋子的摆设。

(c) 直抒己见。

3) 你对大多数人深信不疑的东西表示怀疑吗?

(a) 很少　　(b) 经常　　(c) 有时候

4) 当你翻到设计标语的比赛的广告时,你会

(a) 看也不看一眼便把它翻过去了。

(b) 毫不在意地看一眼。

(c) 细看其内容,以求对这次比赛的要求有进一步的了解。有时还真想设计些东西出来拿去比赛。

5) 当你读到有趣的东西时,你会

(a) 把它牢记在脑子里以供将来使用。

(b) 看过便忘。

(c) 把它剪下来或抄在卡片上,把它归入应属的类别里。

6) 如果让你整个下午照顾一个孩子,而这孩子又吵着闹着说没劲,你会

(a) 想出一些有趣的游戏,让他度过一个愉快的下午。

(b) 让他别吵,一边儿玩去。

(c) 教他如何找些东西自己去玩。

7) 当你自己装配东西,或烧菜时,你会

(a) 想出一种新的装配方法或做法,而不是按照说明书或食谱上所说的去做。

(b) 严格地按照说明书或食谱去做。

(c) 按照说明书和食谱做了几次以后,就想变个法儿来做。

8) 你是否想到要改变你的工作条件?

(a) 经常会想到的。

(b) 难得会想到。

(c) 从来不会想到。

9) 如果在第8题中你所选择的答案是(a)或(b),那么你会

(a) 把你的想法藏在心里,决不告诉别人。

(b) 把你的想法告诉别人，至于怎么办你的心中还没谱。

拟定出一份详细周密的计划，把它递交给你的上司。

10) 如果你看了一部情节古怪的电影，以至于看完整部电影你还不知道它在说些什么，那么你的感觉会是什么样的呢?

(a) 心里觉得不舒服，非要把它搞清楚不可。

(b) 对此兴趣极浓，希望能依靠自己想出一个头绪来。

(c) 虽然觉得不可理解，但事后也就把这件事给忘了。

11) 当你的朋友遇到麻烦，让你给出主意时，你会

(a) 同情地听他讲。

(b) 心里暗暗想着：如果我是他，我会怎么做呢？但是很少说话。

(c) 向你朋友提供建设性的意见。

12) 下列的话中哪一句最适合你?

(a) 我喜欢那种循规蹈矩的安宁的生活。

(b) 我喜欢丰富多彩的带有一定刺激的生活。

(c) 我喜欢生活中有一点刺激，但又不能太多了。

13) 如果你的生活发生了变化，如离家出走，迁任新职，结婚或离婚等，这时你会

(a) 对于凶吉未卜的未来没有信心。

(b) 在新环境、新条件下可能会变得比原先更积极。

(c) 时而兴奋、时而失望，两种心理交替出现。

14) 假如你继承了父母的房产，你会

(a) 让它维持原来的样子，以留住对他们的回忆。

(b) 改变它，使它能适合你的个性和生活习惯。

(c) 局部改变，同时使一部分保持原样以纪念他们。

15) 如果两个情投意合的人违背传统而发生了性行为，你对此事怎么看?

(a) 觉得恶心。

(b) 他们自有他们的道理。

(c) 也许是一件很有趣的事吧。

16) 你希望怎样度过你的生日以及某些特殊的周年纪念日?

(a) 到一家你喜欢的饭店去吃一顿。

(b) 在家里安安静静地度过。

(c) 到一个没去过的地方玩一圈。

17) 假如你迷上了某项实用性很强的工作(如缝纫或种花),但你做得很不顺手。你可能会

(a) 厌烦地放弃它。

(b) 仍耐着性子做下去。

(c) 动脑筋想办法改进自己。

18) 当你阅读到世界性的贫穷问题时,你会

(a) 觉得那是没办法的事,人类只得忍受这种艰苦的环境。

(b) 虽然感到愤怒和难过,但同时还感到这的确是无能为力的事。

(c) 想努力去做点事,贡献出自己的一份微薄的力量。

19) 你几乎坠入了情网,但你的朋友和同事们都不赞成你跟那人谈恋爱。你会

(a) 对他们的话置之不理,我行我素。

(b) 仍然继续和他好,但你对你们的约会会稍作掩饰。

(c) 感到不快,慢慢地疏远对方。

20) 下面的三种情况你最怕的是哪一种?

(a) 无聊。

(b) 寂寞。

(c) 举棋不定。

7.2.3　测验题目解答及评分标准

第一部分:

1) 你所能想到的东西,每个给 1 分,两分钟之内你能想出

多少个就得多少分。如果你的得分低于10分，就表明你的创造力低；11～20分表明创造力中等；超过20分则表明你的创造力很高。

2）你所能想到的答案每个算1分。0～5分表明你的创造力低；6～10分表明创造力表明创造力中等；10分以上则表明你的创造力很高。

3）你所能想到的答案每个算1分。0～7分表明创造力低；8～15分表明创造力中等；15分以上则表明你的创造力很高。

4）每个答案算1分。0～5分表明创造力低；6～10分表明创造力中等；而10分以上则表明你的创造力很高。

5）每个答案算1分。评分要计时，必须想想你有多少种反应，以便评估你答案的创造性。包东西是一种反应，如果你想到了用那张褐色的纸包多种东西，就应想到你除了可以用它来包东西外，还可以有别的用途（如用来做成百叶窗），后者显得更富有创造性。每种答出1完全不同的用途，可以多给2分。0～5分表明创造力低；6～10分表明创造力中等；10分以上则表明创造力高。

6）每个答案算1分。0～5分表明你的创造力低；6～10分表明创造力中等；10分以上表明你的创造力高。

如果你在这6个测验题中的平均得分是20～40分，表明这是一个较好的中等分数；40～60分表明你的创造力较高；70分或80分则表明你的创造力特别高。

第二部分：

这一部分是关于你在日常生活中潜在的创造力（评分表）。

你的总分应该在0和40分之间。10分以下表示创造力低；11～20分属中等；20～30分表示创造力高；而30～40分则表示创造力相当高。

①	(a) 0	(b) 1	(c) 2	②	(a) 0	(b) 1	(c) 2
③	(a) 0	(b) 2	(c) 1	④	(a) 0	(b) 1	(c) 2
⑤	(a) 1	(b) 0	(c) 2	⑥	(a) 2	(b) 0	(c) 1
⑦	(a) 2	(b) 0	(c) 1	⑧	(a) 2	(b) 1	(c) 0
⑨	(a) 0	(b) 1	(c) 2	⑩	(a) 0	(b) 2	(c) 1
⑪	(a) 0	(b) 1	(c) 2	⑫	(a) 0	(b) 2	(c) 1
⑬	(a) 0	(b) 2	(c) 1	⑭	(a) 0	(b) 2	(c) 1
⑮	(a) 0	(b) 2	(c) 1	⑯	(a) 1	(b) 0	(c) 2
⑰	(a) 0	(b) 1	(c) 2	⑱	(a) 0	(b) 1	(c) 2
⑲	(a) 2	(b) 1	(c) 0	⑳	(a) 2	(b) 1	(c) 0

7.3 机械能力测试

通常所指的机械能力有空间知觉、机械理解、动作敏捷性等，但不同的机械能力，有时存在着性别差异。比如，男性在空间能力和机械能力上比较好，而女性则在动作敏捷性上得分较高。这与我们一般的感觉和体会也是相符的。

7.3.1 工具使用测验

所谓工具使用测验，就是呈现一些机械方面的工具，使受试者应用这些工具，去做若干规定的工作，然后根据受试者使用工具的灵活程度评定其机械能力的高低。这类测验中比较著名的有贝内特手工具灵巧测验（Bennett Hand - Tool Dexterity Test），克劳福小零件灵巧测验（Crauford Small Sparts Dexterity Test）。

1. 贝内特手工具灵巧测验

①材料。主要材料是一个以木架和三种不同尺寸的螺栓（12组，包括垫圈和螺帽）。在木架的左框和右框上，各有和螺栓直径大小相仿的孔位 12 个，用以装置那些螺栓，此外，还有大小不同的扳手和旋凿数个。

②实施程序。开始测验时，将12组螺栓装在左框上。使受试者依照规定的顺序，用扳手或旋凿将装妥的螺帽、螺栓和螺垫一一松解拆下，再装到右框上去，装妥后，将木架调转方向，即可测验另一个受试者。受试者完成前后工作所需的时间，就是测验分数，这种测验的效度为0.44～0.5，信度为0.91。

2. 克劳福小零件灵巧测验

①材料。所用的工具为镊子和小旋凿，所用的小零件是螺栓、插销和小圈。此外，有一块1/3米长和1/3米宽的金属平板，上面穿有许多小孔。有些小孔是平滑的，用以放插销；有些小孔孔边是车成螺纹的，用以插螺栓。孔径的大小和插销及螺栓直径的大小，刚好吻合。将所用的小零件分别放在一个圆盘里，测验开始。

②实施程序。测验一的实施过程，是使被试者用镊子将插销一一插到平滑的孔里，并将小圈套在凸出的插销上。测验二的实施过程，是要被试者将小螺栓一一插入在有螺纹的孔里，再用旋凿将它们往下旋，使螺栓穿透平板落到底下的盘子里。被试者完成这两项工作所需的时间，就是他的测验成绩。普通被试者可在15分钟内完成测验。

7.3.2 形板置放测验

形板置放测验，就是呈现若干形式一律相同或形式各异的木块，使被试者将这些木块放到具有和这些木块形状相同的空洞之板里去，然后要根据被试者置放形板的速度或正确程度，评定其机械能力的高低。如明尼苏达操作速度测验（Minnesota Rate of Manipulation Test）和空间关系测验（Minnesota Spatial Relations Test）。

1. 明尼苏达操作速度测验

①材料。在$\frac{1}{3}$米宽和$1\frac{1}{6}$米长的一块木板上，凿有圆孔58

个，除首行与末行每行3孔外，其他各行每行均4孔，圆孔的直径是$\frac{1}{20}$米。此外有小圆板58块，除木板略厚外，其大小和圆孔相等，都可以放进圆孔里去。

②实施程序。测验前将小圆板按照圆孔的位置排列在桌上，大木板放在这些小木块和被试者的中间。被试者的工作是用一只手或两只手将圆板一一放进孔里，然后再将它们翻转过来。如此测验4次，第一次作为练习，最后三次所需的时间，就是受试者的测验分数。

2. 明尼苏达空间关系测验

①材料。所用的材料是4块木板，每块木板上面挖有58个形式不同、大小各异的空洞，另有许多木块，其形式和大小都和空洞一一对应，可以放到木板空洞里去，但比木板稍高。A与B两板上面的空洞，除位置不同外，其形式和大小是一样的，所以可合用一组木块。同样的情形，C与D两块模板也合用一组木块。

②实施程序。使用A与B板木块时，先将A板放在被试者面前，所有木块都放在空板的前面，其排列的位置和在B板中的位置一样，然后要求被试者将这些木块放到A板空洞里去。放好后，移去A板，再将B板放在被试者前面，要求被试者再将这些木块放到B板里去。主试者按时间及错误记分。时间分数就是放置全部木块所需的秒数，错误分数就是误用木块的次数。使用C与D板时，程序与此相仿。根据实验结果，A与B板和C与D板的测验成绩之相关系数为0.86～0.91。所以A与B两板和C与D两板，可以替换使用。

7.3.3 机件配合测验

机件配合测验，就是呈现若干种机械原件或其图形，要求被试者将这些实物或图形分别装配成一个完整的机件。然后根据被试者装配的正确程度，评定其机械能力的高低。如明尼苏达集合测验（Minnesota Assembly Test）、施旦贵斯机械性能测验(Stenquist Mechanical Aptitude Test)。

1．明尼苏达集合测验

①材料。所用材料分装在A、B、C三箱，每箱放置机件若干件，均可折为原件。A箱中有机件9种：即扩大螺旋帽、水管夹、纸夹、发条衣钉、链环瓶塞、按铃、脚踏车铃、扁锁。B箱中有机件8种：即剃刀、螺旋钳、架夹、玻璃管夹、发火塞、内弯脚规、塞子和电线、熨斗柄。C箱中有机件16种：即小夹、绞板、钳子、电灯套、翼形螺旋盖、玻璃抽屉球、联绳器、壶盖球、螺旋锁帽、弗德磁石柱、龙头活嘴、皮带夹、无线电开关机、削笔器、气表开关、机械铅笔。

②实施程序。测验开始时，主试者先将各种机件拆散，分别放在规定的格子里，测验时，要求被试者将这些拆散了的原件，逐件装配起来。每一机件的装配，各有规定的时间限制。时限已到如尚未装好，必须停装本件，而开始下一件的装配工作。每装完一种机件，即装对全部结构者可得10分；装对一部分者，亦按比例分别给以相应的分数。

2．施旦贵斯机械性能测验（测验一）

①材料。所用材料为均分机械图画，分为第一、第二两部分。第一部分各图以1，2，3等数字加以标识；第二部分各图以A，B，C等字母加以标识。前者或是后者的部分、或是后者的附件，或在应用上与后者有不可分离的关系。此项图画，本测验中共有95对，分为6组。

②实施程序。呈现测验材料后，要求受试者寻找第一部分与第二部分所有图画间的关系，按其关系分别加以配合。作答方法，即在1，2，3等数字后面分别注上H、D、A等字母。测验时限为45分钟，答对一题给1分。此项分数的信度系数为

0.79，与施旦贵斯另一种机械实施配合测验成绩之相关系数为0.69。

7.3.4 机械理解测验

机械理解测验就是呈现若干物理和机械方面的图画，附以有关机械原理的问题，要求被试者根据他在日常生活中所获得的经验，加以解答，然后，根据被试者答对的题数，评定其机械智力的高低。如贝内特机械理解测验 AA 式（Bennett Test of Mechanical Comprehension AA）就是适用于男性被试者的机械理解测验；贝内特-佛拉野机械理解测验 W1 式（Rennett－Fry：Test of Mechanical Comprehen sion Form W1）是适用于女性被试者的机械理解测验。现分别介绍如下：

1. 贝内特机械理解测验 AA

①材料。物理及机械理解方面的图画 60 幅，各附有关于机械原理方面的问题一则，印成测验册一本。此种图画中所表示的现象及问题，均系男性被试者在其生活中易接触到的。例题如下：

用哪一把剪子剪金属片，比较容易？

②实施程序。测验时要求被试者根据图画内容，运用其生活经验解答问题，测验时间不限，受试者所有的答案都记在答案纸上，此项答案纸可用人力或机器记分。答对题的数目减去二分之一答错题的数目，就是被试者的测验成绩。此项成绩第一半分数与第二半分数的相关系数为 0.84，与 66 名学习机器工具使用的学徒的测验成绩的相关系数为 64。

2. 贝内特-佛拉野机械理解测验

①材料。测验内容亦为物理及机械方面的图画 60 幅，分别附以有关机械原理的问题一则。此种图画及问题，均系女性应试者在生活中经常遇到的，其例题如下：

哪一个花瓶比较容易翻倒？

②实施程序。本测验所有的施行办法、时间限制以及记分方

式等，均与前项测验相同，惟被试者限于女性。测验成绩之自身相关系数，经校正后为 0.77。与前一机械性能测验成绩之相关系数为 0.66。

7.4　操作能力测试

对于某些工作，尤其是某些装配线或流水线上单调而又重复的工作，有的人比较适应，而有的人则不然。为了更好地选出具有较好的适应能力，并具有这方面潜力的人，心理学家编制出了操作能力测验，用以作为选拔工具。

下面介绍的是一些比较著名的操作能力测验。

7.4.1　珀杜插板

该测验主要用来测量手指的灵活性以及手指、手和手臂的大幅度动作技巧，它模仿了装配线上的工作情况。测验的内容是要求被试者尽快地把栓柱插进一系列的孔中，两只手每只手插 30 秒钟，交替进行。另外，还要求用双手把栓柱、环和垫圈装配到孔中。

7.4.2　克劳福德灵活性测验

该测验主要测量眼和手的配合准确性，适用于测试电器和电子产品装配工的能力倾向。该测验的第一部分是要求被试者用镊子将栓柱插入孔中，然后将一个环套在栓上。第二部分是要求被试者用螺丝刀将螺栓旋进螺母里。尽管该测验的两部分都比较简单，但由于它与实际工作比较接近，因此，在选拔人时具有很好的预测效度。

7.4.3　奥康纳测验

该测验主要用于测量手指的灵活性，适用于选拔缝纫机操作工和其他需要准确操作技能的工作人员。它只要求被试者以尽快的速度用手和镊子把栓柱插入小孔里。研究表明，尽管这种测验比较简单，但它的预测效度仍比较好。

此外，还有一些操作能力测验，比如明尼苏达操作速度测验等。这些操作能力测验都大同小异，主要用于选拔流水线上需要一定操作技巧的员工。这类测验有一个共同的特点，即测验的情境与实际工作的情境比较接近，预测效度也比较高。它们在单独被使用时，主要用于人员的选拔；也可被整合到一般能力倾向测验中，作为一般能力倾向测验的一个分测验，已被用于职业指导和咨询。

本章重要概念和术语

思维能力测验　　创造力测验

机械能力测验　　操作能力测验

第 8 章
能力倾向测验

在人员测评中，由于职位所属的单位性质和职能的区别，人员的分类与定性就会不同。同时，无论什么职位都要求被测人员不仅能胜任现在的工作，而且还要求具有发展潜力与培养前途，因而测试人员分类、定性和效益的能力倾向测试应运而生。本章将对能力倾向测验的类型和方法加以介绍。

8.1 能力倾向的概念及内容

8.1.1 能力倾向的概念

能力倾向不是一个人在被测的当时就已经具备的现实条件，而是指他获得新的知识、能力和技能的潜力如何。因此，能力倾向是指经过适当训练或被置于适当环境下完成某项任务的可能性。

能力倾向既不等同于人的智力，也不等同于人在某方面由于教育和训练获得的专业知识和技能，这主要表现在以下几个方面：

①能力倾向可影响到一个人在某一职业中多种活动的效率。而专业知识技能则仅仅影响其在某一有限或具体领域的活动效率。

②能力倾向是相对稳定的，需要较长时间才能发生变化。而专业知识技能则比较容易改变，既可以通过教育训练而在短期内获得增长，也可能遗忘或丧失。

③能力倾向可表现为一种潜能，一种成功的可能性，而不是已有的水平和现实性。它关注的问题主要是“将会怎样”，而知

识技能测验则关注“现在怎样”。

正是由于能力倾向与一般专业知识技能的区别，决定了能力倾向测验是其他各种专业知识、技能考试所无法替代的。

8.1.2 能力倾向测验的内容

能力倾向测验被广泛应用于各种领域的人才选拔与配置活动中。它可以有效地测量人的某种潜能，从而预测人在一定职业领域中成功的可能性，或者筛除在该职业领域中没有成功可能性的个体。由于能力倾向测试具有明显的预测性，所以近年发展较快。随着企业、事业、机关对人才研究的深入和公务员职位分类制度的建立，能力倾向测试的发展主要进入了分类测试的阶段。美国等发达国家公务员的职位分类横向上基本分为秘书类、计算机类、会计预算及国库管理类、法律类等不同类别，每一类别又从低到高划分许多等级，所测试的能力倾向也有一定差异，如

秘书类：基本算术能力、词语能力、理解力、推理能力等。

人事助理：言语能力、算术能力、推理能力、行政秘书能力。

计算机类技术职务：逻辑分析能力、图形推理能力、词语分析能力、技术能力。

管理职务：语言能力、推理能力、统计分析能力、管理能力。

预算分析师：言语表达能力、数量关系推理能力、综合概括能力、对数据资料进行分析得出结论的能力。

法律类调查员：语言表达能力、推理判断能力、调查取证能力、文字写作能力。

法律类执行人员：语言文字理解能力、快速差别辨认能力、稳定能力、公证能力。

能力倾向测试不论分类的粗细，其测试内容仍然明显地分解为公共或通用、特殊或专业两个部分。标准化的能力倾向测验具

有两种功能：一是判断一个人具有什么样的能力优势，即诊断功能；二是测定在所从事的工作中，成功和适应的可能性，即预测功能。

8.2　普通能力倾向成套测验

美国普通能力倾向成套测验（General Attitude Test Battery，简称 GABT），是美国劳工部研制的，用于对许多职业所必需的 9 种能力倾向进行测验，其中测验项目共有 15 项，A—K 是纸笔测验项目，M—P 是操作测验。测验项目如下：

1）工具匹配测验（Tool Matching）。

测验时用简单的工具之类的图形，让被检查者判别 4 个图形中哪个与所呈现的图形一样。图形的差异仅仅是黑白的涂法不同。答对的合计为得分。

2）名词比较测验（Name Comparison）。

测验时要比较判定左右一对名词或数字等的异同。例如：3569 - 3596，答对的合计分为得分。

3）划纵线测验（H Marking）（见图 8.1）。

测验时不要碰到 H 两侧的线，但必须切到 H 的横线，尽量多地划短线。正确划出的短线数之合计为得分。

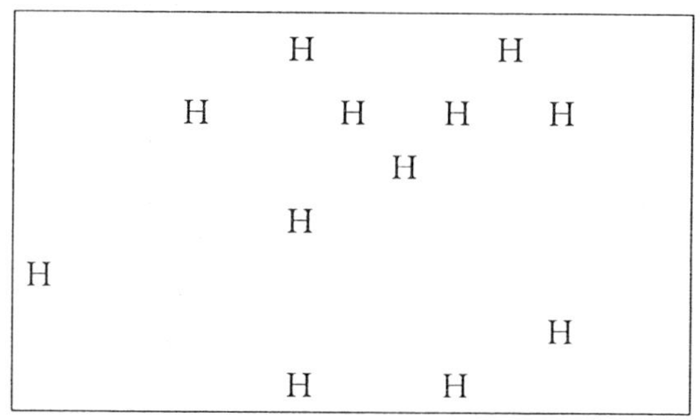

图 8.1　划纵线测验图例

4）计算测验（Computation）。

进行加减乘除的计算，答对的合计为得分。

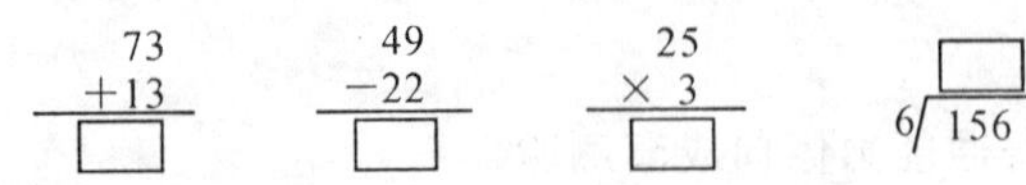

5）平面图判断测验（Two－Dimensional Space）（见图 8.2 ）。

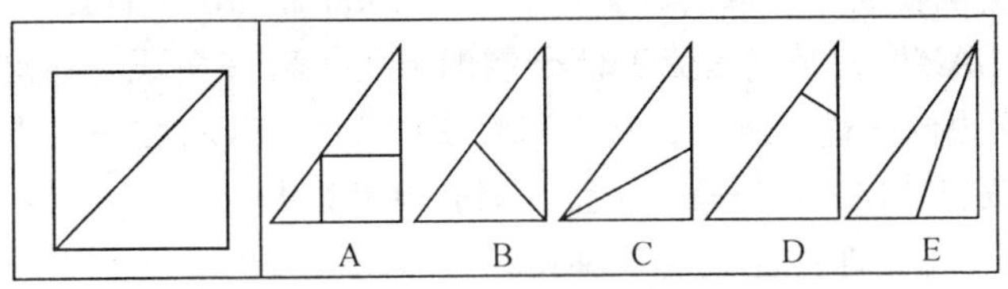

图 8.2　平面图判断图例

测验时让被检查者判别当改变左框中图形的位置后，能构成右边图形中的哪个图形。答对的合计为得分。

6）打点速度测验（Speed）。

测验时在连续排列的四方框中，用铅笔在每个框内尽快地打三个点，所打点数为得分。

从这开始

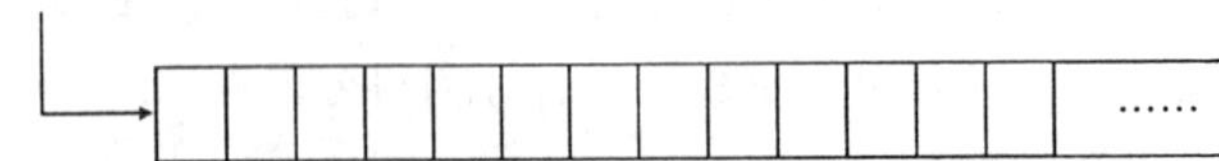

7）立体图判断测验（Three－Dimensional Space）（见图 8.3）。

测验时让被测试者判断将左框中展开的图形折叠或弄圆等，能构成右边 4 个图中的哪一个。答对的合计为得分。

8）算术应用测验（Arithmeric Reason）。

测验时解算术应用题。答对的合计为得分。

9）语义测验（Vocabulary）。

①粗　　②广　　③细　　④小

图 8.3　立体图判断图例

测验时从 1 组 4 个语词中选出词义相同或相反的两个语词。答对的合计为得分。

10）打Ⅱ记号测验（Ⅱ Mark Making）。

测验时在四方框中，尽快地写入记号Ⅱ，填入Ⅱ的数为得分。

11）形状匹配测验（Form Matching）（见图 8.4）。

从第 2 组图形中，选出在形状、大小与第 1 组图形一样的各个图形。答对的合计为得分。

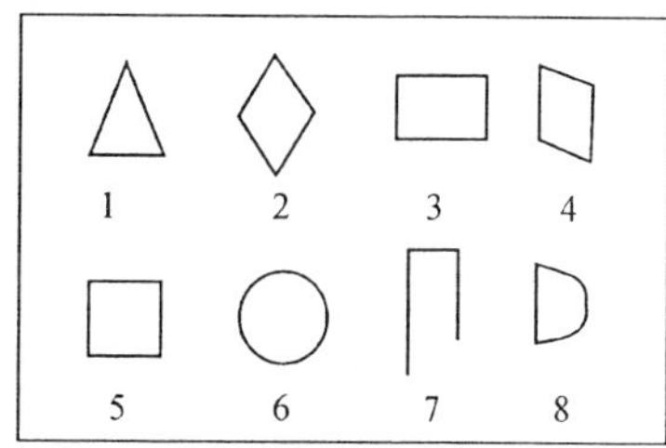

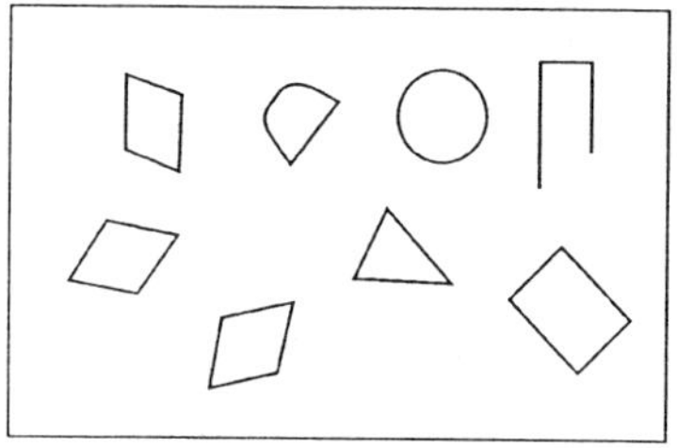

图 8.4　形状匹配图例

12）插入测验（Place）。

测验时手腕作业检查盘（Peg board）的上部与下部各有 48 个孔，上部盘插着 48 根圆棒。被检查者两手同时从上盘中一个一个地拔出圆棒，将其插在对应的下盘的孔中。以正确插入下半部的数为得分。

13）调换测验（Turn）。

测验时同样使用手腕作业检查盘，用单手拔出一根棒，用同一只手将拔出的棒的上下反转，插入原来的孔中。正确插入数为得分。

14）组装测验（Assemble）。

测验时手指灵巧检查盘（Finger Dexterity Board）有 50 个孔，在这里附有金属的小铆钉和垫圈。被检查者从上半部盘的孔中，用一只手拔出图形的铆钉，同时用另一只手从旁边圆柱中拔出垫圈，把它安在铆钉上，仍然用一只手将其插进入拔出的孔相对应的下半部的孔中。正确插入数为得分。

15）分解测验（Disassemble）。

测验时使用上述的手指灵巧检查盘，被检查者从下部盘的孔中拔出铆钉，将垫圈取出，用一只手将垫圈插在旁边圆柱上，用另一谆手将铆钉插在与下部拔出位置相对应的上半盘的孔中。以插入上半部位置的铆钉数为得分。

GABT 测验可以测出 9 种能力，分别为：

G——智能。指一般的学习能力，如对测验说明、指导语和诸原理的理解能力、推理判断能力、迅速适应新环境的能力。

V-——言语能力。指理解言语的意义及与其关联的概念，并有效地掌握它的能力。对言语相互关系及文章和句子意义的理解能力，也包括表达信息和自己想法的能力。

N——数理能力。指在正确、快速进行计算的同时，能进行推理解决应用问题的能力。

Q——书写知觉的能力。指对词、印刷物、各种票类之细微部分正确知觉的能力。能直观地比较辨别词和数字，发现错误或校正的能力。

S——空间判断能力。指对立体图形及平面图形与立体图形之间关系的理解、判断能力。

P——形状知觉。指对实物或图形之细微部分能正确知觉的能力。根据视觉能够对图形的形状和阴影部分的细微差异进行比较辨别的能力。

K——运动协调。指正确而迅速地使眼和手相互协调，并迅速完成操作的能力。要求手能跟随着眼睛所能看到的东西正确而迅速地做出反应动作，并进行准确控制的能力。

F——手指灵巧度。指快速而正确地活动手指，用手指很准确地操作细小东西的能力。

M——手腕灵巧度。指随心所欲地、灵巧地活动手及手腕的能力。如拿取、放置、调换、翻转物体时手的精巧运动和腕的自由运动能力。

以上 9 种能力中的每一种能力，都要通过 15 项测验项目中的 1～3 项反映出来。在利用普通能力倾向推测职业能力倾向上的具体方法是针对各种职业的特点，从以上 9 种能力中提炼出某类职业最有代表性的 2～3 种能力，这样就构成了职业能力倾向类型。

表 8.1　15 种职业能力结构表

序　号	职　　业	职业能力倾向类型
1	人文系统的专门职业	G—W—N
2	特别需要言语能力的事务职业	G—N—Q
3	自然科学系统的专门职业	G—N—S
4	需要数的能力的一般事务职业	G—N—Q
5	机械事务的职业	G—Q—K

续表 8.1

序　号	职　　业	职业能力倾向类型
6	机械装置的操纵、运转及警备、保安职业	G—Q—M
7	需要一般性判断和注意力的职业	G—Q
8	美术作业的职业	G—S—P
9	设计、制图作业及电气职业	N—S—M
10	制版、描图的职业	Q—P—F
11	检查分类职业	Q—P
12	造型、手指作业的职业	S—P—F
13	造型、手臂作业的职业	S—P—F
14	手臂作业的职业	P—M
15	看视作业、身体性作业的职业	K—F—M

根据 GATB 对 9 种能力的测验，可以组合成以上 15 种职业能力结构。

GABT 测验程序是：用 2～3 小时进行全套测验，其中纸笔测验可集体进行，操作测验可个别进行。记分后将各种能力分数换算成标准分数，然后绘制个人能力倾向剖析图，并与职业能力倾向结构分类表相对照，这样就可以判断出被试者最合适的职业领域。各职业群能力倾向最低基准见表 8.2 所示。

表8.2　各职业群能力倾向最低基准表

职业能力倾向类型		职业群番号	各能力倾向的最低分								
番号	所要能力		G	V	N	Q	S	P	K	F	M
1	G－V－N	1	125	125	100						
		2	110	100	100						
2	G－V－Q	3	125	100		100					
		4	100	100		100					
		5	90	90		90					
3	G－V－S	6	125		125		100				
		7	110		110		100				
		8	90		90		90				
4	G－N－Q	9	125		100	100					
		10	100		100	100					
		11	90		90	90					
5	G－Q－K	12	90			90			90		
		13	75			90			75		
6	G－Q－M	14	75			90					75
		15	75			75					75
7	G－Q	16	90			90					
		17	75			75					
8	G－S－P	18	90				90	90			
		19	75				90	75			
9	N－S－M	20			110		110				90
		21			90		90				75
		22			90		90				75
10	O－P－F	23				90		90		75	
11	Q－P	24				90		90			
		25				75		75			
12	S－P－F	26					90	90		90	
		27					75	75		75	

续表 8.2

职业能力倾向类型		职业群番号					各能力倾向的最低分				
番号	所要能力		G	V	N	Q	S	P	K	F	M
13	S-P-M	28					90	90			75
		29					75	75			75
14	P-M	30						90			75
		31						75			75
15	K-F-M	32							75	75	75

8.3 行政职业能力倾向测试

行政职业能力倾向测验（Administrative Aptitude Test，简称AAT）最初出现于发达国家，在我国则始于1988年。该测验最初作为机关工作人员录用考试内容的一部分进行试点，经过十几年的实践、总结和开发，已经作为我国公务员录用考试的必考科目之一。行政职业能力倾向测验主要测查应试者从事国家行政机关工作的潜能，在内容上涉及常识（涵盖政治、经济、法律、管理、人文、科技等）、言语理解与表达、数量关系、判断推理和资料分析等。全部为客观性试题，考试时限为120分钟，满分为100分。

行政职业能力测验题型介绍如下：

第一部分：数量关系

数量关系主要有两种类型的题目。

第一种题型：数字推理。给你一个数列，但其中缺少一项，要求你仔细观察这个数列各数字之间的关系，找出其中的排列规律，然后从四个供选择的答案中选出你认为最合适、最合理的一个，来填补空缺项，使之符合原数列的排列规律。

【例题】：

2　　　9　　　16　　　23　　　30　（　）

A. 35　　B. 37　　C. 39　　D. 41

解答：这一数列的排列规律是前一个数加 7 等于后一个数，故空缺项应为 37，正确答案为 B。

第二种题型：数学运算。主要考察解决四则运算问题的能力。在这种题型中，每道试题中呈现一道算术式子，或者是表述数字关系的一段文字，要求应试者迅速、准确地计算出答案。

【例题】：

22×32×42×52 的值为

A.1 440　　B.5 640　　C.14 400　　D.16 200

解答：这是一道典型的乘法运算的题，答案为 C。

第二部分：判断推理

判断推理是考察应试者逻辑推理判断能力的一种测验形式，其题型主要有四种。其中第一、二、三种题型为 A 类考生所考题型，第一、二、四种题型为 B 类考生所考题型。

第一种题型：图形推理。每道题中包含两套图形，这两套图形具有某种相似性。就是说，两套图形具有某种共同特征，也存在某种差异。在每题中，第一套图形包括三个图形，第二套图形包括两个图形和一个问号。在这两套之外还有供选择的四个图形。考生应选出最适合取代问号的一个图形。正确的答案不仅使两套图形表现出一致的规律或最大的相似性，而且应使第二套图形也表现出自己的特征。这种题型主要考察考生的抽象推理能力。

第二种题型：演绎推理。这种题型考察考生的逻辑推理能力。在每道题中给出一段陈述，这段陈述被假设是正确的、不容置疑的。要求考生根据这段陈述，选择一个备选答案。正确的答案应与所给的陈述相符合，不需要任何附加说明即可从陈述中直接推出。

【例题】:

彭平是一个计算机编程专家，姚欣是一位数学家。其实，所有的计算机编程专家都是数学家。我们知道，今天国内大多数综合性大学都在培养着计算机编程专家。据此，我们可以认为

A. 彭平是由综合性大学培养的

B. 大多数计算机编程专家是由综合性大学所培养的

C. 姚欣并不是毕业于综合性大学

D. 有些数学家是计算机编程专家

解答：观察 A，B，C，D 四个选项，似乎都有一定道理，但并不都对。只有结论 D 是由陈述“所有的计算机编程专家都是数学家”直接推出来的，是不需要附加任何假设和补充而得出的结论，因此，D 是正确答案。

第三种题型：定义判断。运用标准进行判断，是对公务员一项基本的职位要求。在每一个问题中，先给考生一个概念的定义，然后再给一组事物或行为的例子，要求考生从中选出最为符合或最不符合该定义的典型事物或行为。这里假设这个概念的定义是正确的，不容置疑的。

【例题】:

谋杀：当一个人不但企图造成另一个人的死亡，而且也造成了这个人的死亡，或是由于一个人的行为，明明知道其正在做着一件可能造成另外的人被杀死的危险的事情，但其仍然不顾别人生命安全而造成他人的死亡。

根据以上的定义，下面哪种行为是典型的谋杀：

A. 于力清与妻子发生争吵，打了她一巴掌，为的是不让她再哭，不巧将她打倒，她在倒下时头碰在地板上，后来由于头部受伤而死亡。

B. 一位老人得了一种绝症，不能忍受痛苦，请求护士给他服用能致死剂量的安眠药，这个护士非常同情老人，就

给了他，结果老人死亡。

C. 曾宪以每小时25千米的速度在拥挤的公路上驾车行驶，没留神，他失去了对汽车的控制，撞上另外一辆汽车并引起爆炸，结果同车的赵某死亡。

D. 汤啸，动物园管理员，正在动物园打扫老虎的笼子，打扫完后，他忘了锁门就离去，结果虎从笼子里跑出来，咬死了一个游客。

解答：严格依据定义进行衡量，此题的正确答案为B。

第四种题型：机械推理。这种题型考察应试者对物体的空间关系、物体的基本运动规律等对机械运动的理解与判断能力。

【例题】：

自行车是靠车轮与地面的摩擦力而行驶的，两个车轮与地面摩擦力的方向是

A. 前轮向后，后轮向前

B. 前轮向前，后轮向后

C. 前轮和后轮都向后

D. 轮后轮都向前

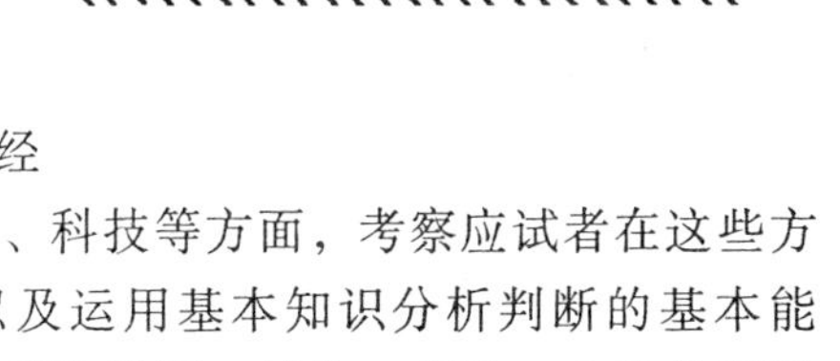

解答：此题的答案是A。

第三部分：常　识

常识部分涵盖政治、经济、法律、公共管理、人文、科技等方面，考察应试者在这些方面应知应会的最基本知识以及运用基本知识分析判断的基本能力。这部分试题全部为不定项选择题，错选、多选、少选均不得分，但也不倒扣分。

【例题】：

下列关于政府职能转变的说法，正确的有

A. 由运动员角色向裁判员角色的转变

B. 由裁判员角色向运动员角色的转变

C. 由管理员角色向服务员角色的转变

D. 由服务员角色向管理员角色的转变

解答：这是一道多选题，此题的答案是 A 和 C。

【例题】:

依据《行政复议法》，下列叙述正确的是

A. 行政复议不仅审查具体行政行为的合法性，而且还要审抽该行为的合理性。

B. 对行政处分不服的，可以申请行政复议。

C. 公民、法人或者其他组织提起行政诉讼，人民法院已经受理的，也可以同时申请行政复议。

D. 在行政复议过程中，被申请人可以自行向申请人和其他组织收集证据。

解答：此题的答案是 A。

第四部分：言语理解与表达

这种题型着重考察考生对语言文字的综合分析能力。所给的文字材料较长，主要是词和句子一般意思和特定意义的理解；对比较复杂的概念和观点的准确理解；对语句隐含信息的合理推断；干扰因素较多的情况下，比较准确地辨明句义，筛选信息。

【例题】:

阅读下文，回答题后的问题。

地球上板块的边界并不就是海陆的边界，大部分板块既有陆地又有海洋。作为板块边界的活动构造带，有裂谷、俯冲带、碰撞带这三种类型。大洋中绵延数万公里的大洋中脊，中间就是裂谷。地幔物质从这里流出，形成新的洋底岩石，并把两边的板块不断推向两侧，裂谷是洋底的诞生地。某些陆地裂谷（如东非裂谷）可能会产生了新的海洋。与裂谷相反，位于大洋边缘的海沟是海洋板块的消亡带。洋底岩石圈在这里俯冲到大陆岩石圈之下，并潜入软流圈而消失。另外，如果边界两边都是陆地，这就成为碰撞带。随着碰撞角度的不同，这里或因挤压而隆起高山，或因剪切而形成断层，或者兼而有之。

板块构造说是大陆漂移说和海底扩张说的合理引申。大陆的漂移是板块移动的表现之一。板块运动是地震、火山等事件及岛弧、陆缘山、海沟等地形特征的形成原因。

大陆漂移是板块移动的表现之一，从全文看，这句话是说：

A．板块移动是大陆漂移的动力

B．板块移动是大陆漂移的动力

C．板块移动表现为大陆漂移

D．板块移动造成了大陆漂移

答案：D。

第五部分：资料分析

资料分析试题着重考察考生对文字、图形、表格三种形式的数据性、统计性资料进行综合分析与加工的能力。针对一段资料一般有 1～5 个问题，考生需要根据资料所提供的信息进行分析、比较、计算，才能从 4 个备选答案中选出符合题意的答案。

【例题】：

解答①、②两例。

博物馆 4 个入口处自动计数器的读数（见下表）。

自动计数器在不同时间的读数

入　口	7：00	8：00	9：00	10：00	11：00
1	7 111	7 905	8 342	9 451	8 485
2	8 432	9 013	9 152	9 237	9 306
3	5 555	5 921	5 989	6 143	6 233
4	954	1 063	1 121	1 242	1 299

①从早上 7 :00 到 11:00 通过入口 1 进入博物馆的参观人数是

A. 580　　B.94　　C.1 374　　D.1 594

②在早上 7：00 到 8：00 之间，通过人数最多的入口是

A. 1　　B. 2　　C. 3　　D. 4

解答：

题①应为 8 485 − 7 111 = 1 374，答案是 C。

题②在比较读数之间的差，差值最大的应是入口 1 的两个数之差（7 905 − 7 111），故答案是 A。

本章重要概念和术语

能力倾向　　普通能力倾向

特殊能力倾向测试

第 9 章
面试法

面试是一种运用范围广泛、方法灵活、收集信息量大、简便且技巧性很强的人员测评技术。有研究表明，80%以上的组织在对其人员的招聘与录用中，是借助于面试这一重要技术手段完成的。本章将从理论与实践方面提供面试程序与操作技术。

9.1　面试法的概念与特点

9.1.1　面试法的概念

面试法是一种经过精心设计、在特定场合下以面对面的交谈与观察为特点，由表及里测评应试者有关素质的一种人员考选技术。这种人员考选技术尽管可能会与笔试、人事传记资料审核法、推荐书或其他人事资料发生重复，但它比笔试或查看人事传记资料更为直观、灵活、深入，可以判断出一般方法所无法看出的人的属性或者层面，它不仅可以评价应试者的学识水平，还能评价应试者的能力、才智及个体心理特征等，因此，面试法是人员测评中的一种普遍使用的方法。

9.1.2　面试法的特点

面试和其他人员素质测评的方式相比有它独特的地方。

1. 面试对象的单一性

面试一般是一对一地进行，但也有集体面试的场合。即使在集体面试中，八九个考生可以在同一考场之中，但主考一般都是逐个提问，逐个对其记录评价。在面试中遇辩论情况，评委们也是逐个提问考生进行观察、记录、评价。面试的问题一般因人而异，测评的内容主要侧重于个性特征。

2. 面试内容的灵活性

面试内容因面试对象的经历、背景等情况不同而呈现差异。面试的问题虽然可以在事先设计一番，准备很多的问题，但每个考生面对的问题都不一样。在连续提问中，主考可以根据被试人员对前面问题的回答灵活掌握下一个问题的提出方式、角度及深浅。

3. 面试中信息具有复合性

面试同其他测验、量表等的测评方式不一样，它是通过面对面的观察，主考人员可以综合现场情况进行即时综合评价。面试中主考人员获得的信息既有语言形式的信息，也有非语言形式的信息（主要是面对面用眼观察到的信息及同时通过大脑意识分析出来的信息），这些信息是同时获得并相互作用的。面试中信息的复合性，更加强化了面试作为一种测评方式其结果的客观性。

4. 面试中交流的直接互动性

在面试中，应试人员并不完全处于被试状态。主考人可通过观察和言词答问来评价应试者，而应试者也可通过主考官行为来判断主考官的态度偏好、价值判断标准及对自己表现的满意度，从而调整自己的行为。同时，应试者还可以借此机会了解自己所要应聘职位的情况，决定是否接受这一职务。

9.2 面试法的分类

面试法按照面试的内容结构化程度，可以分为结构性面试与非结构性面试以及半结构性面试。按照面试的提问方式，可以分为封闭式提问、开放式提问、引导式提问、压迫式提问、连串性提问和假设性提问。

9.2.1 结构性面试与非结构性面试

结构性面试是指依据预先确定的内容、程序、分值结构进行的面试形式。在结构化面试中，主试者按照事先设计好的结构向每个被试者提出相同的问题，并记录每一个问题的答案。结构化面试的主要特点是有固定的程序，评价者事先把问题标准化或列出提纲，通过较严密的逐项提问，由被试者回答或做出选择，要求所有的被面试者回答同样结构的问题。评价者根据被面试者的回答，只允许对提问方式和内容组合作一些变化，但不允许对内容作随意改动。最后，评价的标准和评分方法也是严格规定、不能变动的。因此，结构性面试又被称为标准化面试。

在非结构化面试里，主试者根据每一个被试者对前一个问题的反应提出新的问题，并通过技巧来引导被试者做出反应，从而发现他们是否具备某一职务的任职条件。从理论上说，在非结构化面试中，对不同的被试者提出的问题也不同，这就会给公正评价所有被试人的素质带来一些麻烦。因此，非结构化面试也称为非标准化面试。

介于结构化面试与非结构化面试之间，还有半结构化面试。这种面试只是大致规定面试的内容、方式、程序等，允许主试人在具体操作中，根据实际条件作一些适度的调整和改变。

结构性面试不同于普通面谈，具有严谨的结构，包括：一是考官的构成结构，二是测评的要素结构，三是测评标准的结构，四是面试程序和时间安排的结构。在面试中，主试人依照预先确定的程序和题目进行测评。面试的过程结构严密、层次分明，并且有一套固定的面谈模式。在面谈中，主试人根据面试提纲逐项向被试人提出问题，被试人必须针对问题进行回答。多个被试人都会面对同样的一系列问题，面试内容具有可比性，这样对所有被试人来说比较公平。由于被试人对同样问题进行回答，主试人根据统一的评分标准进行评价，操作起来方便并且容易做到公正。下面介绍一种面试提纲的实例（见表9.1）：

表 9.1 公司面试问话提纲

面试项目	提问要点
个人情况	姓名、性别、出生年月、政治面貌、健康状况、婚姻状况
工作动机与愿望	* 请谈谈你现在的工作情况，包括待遇、工作性质、工作满意程度 * 你为何希望来本公司工作 * 你在工作中追求什么？个人有什么打算
工作经验	* 你在主管部门中，遇到过什么困难？你是怎样处理和应对的 * 请你谈谈职务的升迁和工资变化情况
经营意识	* 通过经营小案例来判断其是否有这方面的观念和意识
知识水平和专业特长	* 你在大学对哪些课程最感兴趣？哪些课程学得最好 * 询问专业术语和有关专业领域的问题 * 询问一些专业领域的案例，要求其进行分析判断
精力、活力、兴趣、爱好	* 你喜欢什么运动？你会跳舞吗？你怎样消磨闲暇时间 * 你经常参加体育锻炼吗
思维力、分析力、语言表达力	* 你认为成功和失败有什么区别 * 如果让你筹建一部门，你将从何入手 * 提一些小案例，要求其分析、判断
工作态度、诚实性、纪律性	* 你经常向领导提合理化建议吗 * 除本工作外，你还在其他单位兼职吗？你在处理各类问题时经常向领导汇报吗 * 你在领导与被领导之间喜欢哪种关系
自知力、自控力	* 你认为你自己的长处在哪里 * 你觉得你个性上最大的优点是什么。领导和同事批评你时，你如何对待。你准备如何改正自己的缺点
一般问题	* 你认为你对本公司会做出什么贡献？你认为你有何缺点？如有，请举例。别人批评你时，你一般会如何应对？你喜欢同哪些人交往？同学、同事、邻居

9.2.2　面试的提问方式

按照面试的提问方式，可以分为以下6种方式：

1. 封闭式提问

这种提问只需面试应聘人做出简单的回答，一般以“是”或者“不是”来回答，至多加一句简单的说明。这种提问方式只是为了明确某些不甚确实的信息，或充当过渡性提问。

2. 开放式提问

这是一种鼓励面试应聘人自由发挥的提问方式，在应聘人回答问题的过程中，主考官可以对应聘人的逻辑思维能力、语言表达能力等进行评价。

3. 引导性问题

在面试中当涉及工资、福利、工作安排等问题时，通过这种引导性的提问方式征询应聘人的意向、需要和一些较为肯定的回答。

4. 压迫性提问

这种提问主要用于考查面试应聘人在压力情形下的反应。提问多从应聘人的矛盾谈话中引出，比如面试过程中应聘人表示出对原单位工作很满意，而又急于调动工作，主考官可针对这一矛盾进行质询，常常形成压迫性的谈话。

5. 连串性提问

这种提问主要是考查应聘人的反应能力，思维的逻辑性、条理性及情绪稳定性。主考官向应聘人提出一连串问题，给应聘人造成一定的压力，这也是这种提问方式的目的之一。比如主考官可以对应聘人说：“我问三个问题。第一，你为什么离开原来的单位？第二，你若到我们单位，有什么打算？第三，如果你到我们单位，发现新工作和你所设想的有距离，你会怎么办？”

6. 假设性提问

这种提问是采用虚拟的提问方式，目的是为了考察应聘人的应变能力、思维能力和解决问题的能力。可以这样提问，如："你现在工作不错，福利也很好，如果我是你，会留在原单位工作，你认为呢？"等。虚拟式语句有时会收到很好的提问效果。

9.3 面试题目的设计

面试题目是进行面试的重要内容，它关系到对测评对象的测评结果。设计面试题目是一个专业性较强的问题，通常是组织部分专家出题。专家一般包括有关方面的领导、理论研究人员、具有管理和技术方面知识并且具有相关领域丰富实际工作经验的专业人士等。

设计面试题目，包括面试要素的设计、面试题型的设计、面试评价量表和问话提纲的设计等方面。

9.3.1 面试要素

面试要素亦称面试内容，一般包括通用要素和专门要素。通用要素是指任何职位物色人才都需测评的要素，专门要素是指针对特定职位或特殊用人需要而必须测评的要素。

通用要素一般包括以下几项：

1. 个人信息

这是指测评对象的主要背景情况，包括：姓名、性别、年龄、主要家庭关系、主要工作情况。

2. 仪表风度

这是指被试人的体格外貌、穿着举止以及精神风貌等。在组织中，对一般人员的测评，仪表风度并不是一个重点内容，但对于管理阶层及销售、公关、外事等从业人员，对仪表风度的要求则相对重要。因为仪表端庄、衣着整洁、举止文明的人一般有较高修养，责任心强，注意自我约束，能给人以外在的好感，有助于树立公司形象。对于仪表风度，一般不需要特别出题，但要设计评价的标准。

3．工作经验

它包括过去曾经做过的工作或担任过的职务、取得的成就、工作的满意度、工作的收获、人际关系情况、薪资情况等。它是通过了解被试人的有关背景和工作经历来查询其过去工作的有关情况，以考察其所具有的工作经历和实践经验是否适应此项工作的需要。同时还可考察出被试人的责任感、社会阅历、为人处事的经验及遇事的理智状况，并能从侧面考察被试人工作能力等。

4．工作态度、动机与工作期望

工作态度和动机对于工作的完成情况往往有决定性的影响。对工作态度的考察既包括被试人过去对工作、学习的态度，也包括现在对工作岗位的态度与愿望。

5．事业心、进取心、自信心

对事业心、进取心、自信心的考察，可以从奋斗目标、理想抱负、工作意愿、工作要求、工作成就、薪资变动情况、工作业绩和奖励情况等方面进行。

6．语言表达能力、反应和应变能力

语言表达能力的考察是通过对语言的逻辑性、感染力、影响力、清晰度、准确性、音调、音量、节奏等具体内容的考察来评价被试人是否能够将自己的思想、观点、意见或看法顺畅、准确、有逻辑的表达出和对反应能力和应变能力的考察，主要是看被试人对主试人所提问题能否迅速、准确地理解并尽快做出贴切、简繁适当的相应回答，对突发问题的反应是否沉着镇定、回答恰当，以反映其思维敏捷性和机智程度，可以借此来判断被试人在工作中是否能迅速准确地理解上级指令和意图，以及准确应付面临的问题，恰当地处理意外事件的能力水平。

7．综合分析能力

考察被试人在面试中是否能对主试人所提问题通过分析抓住本质和要害，是否说理透彻、分析全面、条理清晰，对众多观点和看法的概括是否全面、得当、要领突出。

8．自我控制能力与情绪稳定性

主要评价被试人在面临上级批评指责、不公正的待遇、无端的责难、工作上的困难与压力、个人利益受损失时，能否克制、宽容、忍让、理智地对待，不因情绪的剧烈波动导致激烈反应，影响工作以及做工作是否有足够的耐心和韧性。

9．人际交往倾向及人际关系

在面试中，通过询问被试人经常参加的社团活动、在各种社交活动中扮演的角色、喜欢和什么类型的人打交道、是喜欢集体活动还是喜欢单独活动、为人处事方式等情况，可以了解被试人的人际交往倾向和能力。

10．精力和活力

在面试中，通过了解被试人经常从事的运动及运动量、可以连续工作的时间、病假休息情况、身体状况等，可以考察其精力与活力。

11．兴趣及爱好

在面试中，了解被试人业余时间的安排、经常从事的活动、业余爱好、娱乐活动、生活方式、嗜好等，可以从一个侧面分析了解此人的情趣。

专门要素主要是指专业知识和专业技能。这是面试过程要考察的一个重点内容。从专业的角度了解被试人掌握专业知识的深度和广度、技能的高低与专业上的特长，作为对专业知识笔试的补充，是人员测评的一个重要方面。面试对专业知识和技能的考察更具有灵活性和深度，所提问题也更接近岗位或工作对专业能力的要求。

9.3.2 面试题目的题型

对于上述面试测评要素，通常可以从6个方面来设计题目进行考察。

1．背景型

它是通过询问面试对象的教育、工作、家庭成长等问题来了解面试对象的求职动机、成熟度、专业技术背景等要素的面试题型。如，请你谈谈你近年的个人情况及工作表现。这种面试题型强调被试者回答内容的真实性、逻辑上的连续性和合理性的探究追问技术，在题目的设计上相对较容易，但题目的可替换性相对也较小，一般只能围绕被试者的个人背景而进行。

2．智能型

它是通过询问被试者对一些复杂问题或社会现象等的分析，来考察被试者的综合分析能力、逻辑思维能力、反应能力和解决问题的能力的一种面试题型。这种题型的运用要求主考官本人要具有较高的综合素质，能够借助参考答案来处理评判被试者可能出现的多样化的答案。在题目的设计上最容易，但答案的差别性也最大，不容易被各方认同。

3．情景型

它是通过对被试者展示一个假设的情景，让其解决情景中出现的问题，从而考察被试者的综合分析能力、解决问题的能力、应变能力、情绪稳定性、人际交往意识与技巧等素质的一种题型。这种题目在设计上也比较容易，且可以满足多种测评要素的考察需要，但它本身的情景假设性所造成的对被试者的回答是否真实有效，却难以做出评判。

4．行为型

它是通过要求被试者描述过去的某个工作或生活经历的具体情况来了解被试者各方面素质特征的一种题型。这种题型在题目的表现形式上，受被试者个人情况的局限，替代性相对较小，并且这种题型要求主考官要有很丰富的经验，能识别被试者回答的真伪或有办法和技巧去追问、发掘被试者进一步的行为表现是否一致，并判断其真实性与合理性。如当你所做的某事不被上司所理解时，你是怎样调整自己的情绪与行为的？

5. 意愿型

它是通过直接征询被试者的意向来考察被试者的求职动机、敬业精神、价值观、情绪稳定性等要素的一种题型。如：请你谈谈为什么选择民营企业？这种题型的题目可替代性小，在使用中要避免误导和出现尴尬冷场的局面。

6. 作业型

它是通过让被试者现场完成（一般是口头完成）一项任务来考察被试者的综合素质特征的一种题型，如：请你大致阐述某项业务的完成程序。这种题型可替代性较高，答案相对较统一。

9.3.3 面试评价量表

面试评价量表是将面试要素和面试题目组合起来，并给予评价标准和权重的量表。面试评价表主要包括以下几个方面的内容：被试人姓名、考号、性别、年龄；现任的职位和部门或应聘的部门和职位；面试考察的重点内容及测评要素；面试评价的标准与等级；主试人对被试人素质评价；主试人签名；面试时间等。

由于面试主要是由主试人对被试人的观察、分析、判断来测评的，很少有标准答案，评价往往带有一定的主观性。因此要使面试评价尽量具有更大的客观性，在设计面试评价表时，应特别注意评价标准及等级的制定。评价等级的划分，一般有定性与定量两种方式。定性方式是按成绩或能力的“优、良、中、差”或“较强、一般、较差”或“一级、二级、三级、四级、五级”等进行标度；定量方式就是采用赋予分值的形式进行标度，如百分制的 90 分、80 分、70 分、60 分等。

面试评价量表的格式主要有以下几种：

1. 问卷式评价量表（如表9.2所列）

表9.2　问卷式评价量表实例

主试人注意：请根据报考人的行为表现及回答问题的情况，用打√的方式选择一项评价等级

评价项目	评价等级		
	3	2	1
1. 求职者的仪表和姿态是否符合本项工作所要求的条件？	非常符合	可能符合	不符合
2. 求职者的态度及工作抱负与本公司的工作目标是否一致？	好	一般	不好
3. 求职者的专业特长是否符合所聘职位的要求？	一致	一般	不一致
4. 求职者的工作经历是否符合所聘职位的要求？	符合	一般	不符合
5. 求职者的教育程度是否符合所聘职位的要求？	可以	一般	不可以
6. 求职者所要求的待遇及其工作条件是否适合本单位所能提供的条件？	符合	一般	不符合
7. 求职者的潜能是否在本公司有继续发展的可能？	符合	一般	不符合
8. 求职者的随机应变力如何？	符合	一般	不符合
9. 求职者的想像力和创新意识如何？	适合	一般	不符合
10. 求职者所表现出来的综合素质是否足以担当所要任命的工作职务？	有可能	一般	不可能

综合评语及录用建议：

主试人签字：

问卷式评价量表是将所要评价的项目列举出来，由主试人根据被试者在面试中的行为表现对其特征进行评价。

2．等级标准评价表

这种评价表首先确定面试评价的基本要求，然后将每一要素划分为若干标准等级，主试者根据报考人在面试过程中的行为表现及回答问题的状况，选择一个符合应试者客观实际情况的等级予以评分。

3．提问项综合评价表

这种量表按提问顺序记分，每一评价要素对应于若干题项，最后将各题项平均得分综合统计在一张评价表上。这种评价表一般由三部分组成：面试提问单，提问记分表，综合计分评价表。

9.4 面试的程序

面试的实施一般包括需求分析、要素分析、题目设计、考官的选择与培训、确定面试方式、场所选取、面试实施、结果处理、评估总结等程序。

9.4.1 需求分析

需求分析是要解决谁是测评对象，测评对象有无完整的职位说明书，有无对该职位任职人员资格要求的指标说明。如果没有，则需要临时完成这一工作，通常是由提出招聘人员需求的部门领导将其需要招聘的人才标准细化、可测评化。如果有现成的测评指标，就要看有无对该指标的测评方法和工具，具体到面试测评方法，即要考虑哪些需要由面试方法来评价，哪些不需要用面试方法来评价。如果有关指标需要由面试方法来评价确定，则考虑有无已准备好的面试要素结构和相应的面试题库。

9.4.2 要素分析

分析要素要解决的是确定正式用于面试报告的测评指标项目，这些项目是可以评分的和汇总出具有决策意义的结论的。有些要素不适合由面试做出结论，有些则必须由面试结果来判断确定。因此，要素分析要尽可能选取对面试方法“敏感”的要素。

9.4.3　题目设计

如果对常用要素有系统的测试题库，则直接选用组合使用即可。如果没有这一工作基础，则必须针对测评对象的测评要素来设计面试问题，并积累以作为未来使用的储备题库。设计面试问题要避免题目的社会称许性、表面效度等问题。

9.4.4　考官的选择、评估与培训

这是面试成败的关键，因为考官的各方面素质、性格特征、工作能力直接影响面试的质量。选择面试考官的基本要求是：广博的学识，深厚的专业知识，丰富的社会工作经验，良好的个人品格和修养，客观评价能力及自知之明，能熟练运用面试技巧等。

主持面试的人员需要接受面试技巧的培训，学习应如何面试才能辨识面试对象的能力和是否适于他所应聘的岗位。主试人一方面必须深谙面试的技巧，另一方面必须在面试前做好应有的知识信息准备。

9.4.5　确定面试方式

一般来说，面试方式的安排，应视公司规模的大小、组织的结构以及应征职位的重要性等因素而定。

面试方式可以按不同的标准进行划分。

1. 系列性面试和序列性面试

系列性面试是指候选人依次经过一系列的面试，每次面试都对应有不同的主考官，他们可能分别是用人部门经理、未来的同事和人力资源部招聘主管或顾问。最后汇总各个面试的结果，一般是按一定权重来汇总不同面试考官的面试结果。序列性面试，也叫渐进式面试，这是一种多轮面试方法，每一轮面试都将不合格人员加以淘汰。同时进人面试的轮次越多，说明面试等级也越高，相应的主考官的级别也就越高。

2．一对一面试和主试团面试

一对一面试是指只有一位主考官，多用于小规模招聘以及较低职位员工的招聘。主试团面试，则是由多位主考官组成，以便从不同角度对应征者进行观察，对应征者做出全面正确的评价。

3．个人面试和小组面试

个人面试是指每次对一个候选人面试，多数情况下公司采用的都是这种方式。每个候选人可以是一对一的面试或者是主试团的面试，也可以是系列性面试或序列性面试。小组面试是指当应征者较多时，可将其分为若干小组，就一些问题展开讨论。主考官可在一旁就应征者的领导能力、逻辑思维能力、口才、处理人际关系能力和环境控制能力等进行观察评价，加以甄选。

4．结构化面试和非结构化面试

如前所述，结构化面试是在面试前，先将应予以问明的各项问题事先全部详细列举出来。一般分为四个部分，即：一般职位因素、教育程度、技术因素或特殊因素（关于特殊技能、训练及经验方面）和其他因素。主考官可以依序将问题一一提出，面试结束后，主考官就获得的印象对面试对象作总评。非结构化面试则依据主考官的经验来进行的面试，关注的是主考官特定感兴趣的问题。

5．测验面试及组合式面试

测验面试一般是在应聘职位对应征者有某些技能要求时采用。测验一般在面试过程中穿插进行，并且不一定采用规范化的测验技术。组合式面试适用于高级职位的应聘，是前面几种方式的组合，特点是面试内容多。

9.4.6 面试场所的选取

面试场所的选取是最后一项准备性工作，主要注意几方面的问题。

通常情况下是在公司的会客室或会议室。有时对于高级管理人才或高级专业人才，不妨邀请其在一个相对中立的环境进行合作或沟通。应根据面试方式确定面试场所，如个人面试可选取较小空间，而小组面试则要有较大空间。面试场所要求安静、舒适，有良好采光及封闭环境，不可在有人办公的办公室进行面试。

各面试场所的布置既要考虑到减少对面试对象的心理压力，使之摆脱过多的心理负担，但又要注意适度的环境压力是必要的，也是考验应聘者的一个方面。

9.4.7 面试的实施

面试的实施本身是个相对完整的流程，从面试的开场、引入，到正式题目问答阶段，最后到涉及个人利益的敏感问题的交换阶段，到最终结束阶段等等，每个程序都有自己的题目设计及观察评价要点。

9.4.8 面试结果的处理

面试结束后，应根据每位主考官的评价结果对应征者的面试表现进行综合的分析与评价，形成对应征者的总体看法，以便决定是否录用。面试结果的处理工作，包括三个方面内容：综合面试结果、面试结果的反馈以及面试结果的存档。

综合面试结果，是将多位主考官的综合评价表上的评价结果汇总得出面试对象的综合排序。

面试结果的反馈不仅仅是指说一声用还是不用的问题，而是一个有时需要专门再组织一次“录用面试”的工作。有关录用的所有事项，均应在录用面谈中解释清楚，包括福利待遇事项、录用附加条件（如体检、学历证明等）、工作地点更换问题、差旅问题、报道期限、加班、劳动合同种类及年限等问题，这些都要明确下来。对未被录用的面试对象的信息反馈，大多数都是采取“确省处理”的方式，即在面试时告知若多少天内未通知录用，则视同未被录用。但规范的做法是应该在发送聘用或试用通知时同时查出辞谢通知，并在辞谢通知的措辞上重视遣词用句，以表示公司待人的诚意。

面试结果的存档，事实上是新进员工的系统考核的第一次全面评价，它为将来干部选拔的测试积累了基础数据。企业应该将其纳入人员基础信息数据库。

9.4.9 评估总结，完善题库

作为面试检测系统的一个完整组成部分，对面试本身的执行情况即效果的评估是必不可少的。同时，要完善题库并且不断地完善面试检测方法的流程。

本章重要概念和术语

结构性面试	非结构性面试
面试要素	面试提纲

第 10 章
评价中心法

“评价中心法”又称情景模拟测评技术。它起源于第二次世界大战中对特工人员的选择，战后美国工商企业如美国电话电报公司（AT&T）等开始广泛用于挑选和培训管理人才，是现代人员测评理论和实践的新发展，被西方许多发达国家的著名公司用来选择和评价管理人员。

10.1　评价中心法的概念与特点

10.1.1　评价中心法的概念

评价中心法是一种以测评被测人员管理素质为中心，标准化的一组评价活动。它是一种程序而不是一种具体的方法。在这种程序中，主试人员针对特定的目的与标准采用多种评价技术评价被测评人员的各种能力。这种测试形式是在工作情景模拟测评的基础上发展起来的。

10.1.2　评价中心法的特点

1. 情景模拟性强

通过多种情景模拟测评形式观察被测人员的特定行为，提供观察被测人员如何与他人相处、分析问题与解决问题的复杂行为的机会。

2. 综合考察性强

相对于其他多种测评技术与手段，评价中心法的优势是综合兼并。它取各种测评技术之长，而补它们各自独立使用之短。被测人员在这种测评形式中行为反应的多样性与广泛性，使评价中心测评的效度与信度大大提高。

3. 动态考评灵活多样

评价中心法是通过一系列的活动、安排、环境布置与压力刺激来激发被测评人员的潜在素质，使其得到充分的表现。也使主试人员对其有一个真实、全面的把握，真正体现在运动中、在活动中测评的特点。

4. 方法、结论标准化

在与行为观察、面试相比，评价中心法虽然活动复杂、形式多样，但它更具标准化的特点。一般来说，对于所测评的内容不是随意而定的，而是要通过工作分析来确定。整个的测评活动安排，所有的主测人员与被测评人员的活动，都是以工作分析所确定的素质为目标进行测评。

评价中心标准化的特点还体现在对被测人员刺激与反应条件的同一性。在评价中心的活动中，每个被测人员都是处于竞争机会均等的情景中，并可以获得同等表现自身素质的条件，体现在练习、指导、期限、测评者对候选人的沟通交流等都是同一的特点上。同时，主持测评的工作人员都要接受统一的培训，以保证操作过程的一致性。

5. 整体互动性

在评价中心法中，主测人员对被测人员的测评，大多数是置于群体互动之中进行比较的整体测评。对于每项素质的测评，不是进行抽象的分析，而是置于动态的观察之中，联系活生生的行为举动做出评定。

6. 信息量大

在同其他测评方式相比，评价中心法突破了许多限制，测评内容涉及到监督、管理与决策诸方面的技能。一方面，给测评双方提供了多种表现或观察的机会；另一方面，又增强了测评的公正性与客观性。

7. 形象逼真

评价中心法的一个显著特点就是形象逼真。评价中心法中的“试题”与实际工作有高度相似性，使得它所测评的素质往往是分析和处理具体工作的实际知识、技能与品德素质，使评价中心法具有很高的效度。评价中心法的每一个情景测试，都是从许多实际工作样本中挑选出来的典型，不像别的测评方法那么呆板，整个测评过程生动活泼，能引起被测评人员的很大兴趣，更大程度地发挥潜能。正是由于被测评人员是在被测过程中充分表现内在素质，所以评价中心法显得形象直观。

8. 预测性强

评价中心法主要是以对管理人员的管理能力与绩效进行预测为目的。因此，评价中心法的测评内容针对管理人员的管理素质与潜能，主要用于选拔主管人员。随着评价中心法的应用与发展，它的应用范围日益扩大，已被人们用于能力培训与开发、职业能力测评、职业规划以及人事研究等方面。

9. 操作性强

在同笔试相比，评价中心法还有一个显著特点，即评价中心法测评的行为性，它要求被测人员表现的是行为。这充分体现了评价中心法的生动性。

10.2 评价中心法的主要形式

评价中心 IF 是以评价管理者素质为中心的测评活动，其表现形式是多种多样的。从测评的主要方式来看，有投射测验、面谈、情景模拟、能力测验等。但从评价中心活动的内容来看，主要有公文处理、无领导小组讨论、无角色小组讨论、管理游戏、有角色小组讨论、演讲、案例分析、事实判断等形式。

10.2.1 公文处理法

公文处理法亦称篮中练习或公文筐练习（Inbasket)。在这项测试活动中，设计一系列管理者所处真实环境工作中需要处理的各类公文，要求被试人员以管理者的身份，模拟真实生活中的想法，在规定时间内对各类公文材料进行处理，形成公文处理报告，然后与别人进行讨论。评价人员通过观察他在规定条件下的处理公文过程中的行为表现，对被试人员的计划、组织、分析、判断、决策、文字等能力进行评价。

公文处理的形式，按其具体内容，又可以分为背景模拟、公文类别处理模拟、处理过程模拟三种。和其他评价中心法的形式相比，公文处理法的形式更便于操作，效度和信度都较高。

10.2.2　无领导小组讨论

无领导小组讨论是把被试人员分成若干小组，每组 10～12 人，不明确召集人，让他们评论某一项业务或人事安排问题，这些问题是管理中棘手的问题，是根据各种复杂因素设计而成的。讨论过程中，看谁善于驾驭会议，善于集中正确意见，并说服他人达成一致意见。为了增加情景压力，主试人员可每隔一定时间给讨论小组发布一些有关议题的各种变化信息，迫使其不断改变方案并引起小组争议。在此紧张压力下，有的候选人就会显得焦躁不安，有的则处置自如。这样，就把每个人的才能和心理行为暴露无遗。通过观察，可评价管理者候选人的语言表达力、分析问题的能力、概括或总结能力、反应的灵敏性、组织协调力等素质特征。

10.2.3　角色扮演法

角色扮演法，就是在一个模拟的人际关系情景中，设计一系列尖锐的人际矛盾和人际冲突，要求被试人员扮演某一角色并进入角色情景，去处理各种问题和矛盾。主试人员则通过对被试人员在不同人员角色的情景中表现出来的行为进行观察和记录，评价被试人员是否具备符合其身份的素质特征以及个人在模拟的情景中的行为表现与组织预期的行为模式，及其将担任职务的角色规范之间的吻合程度，即代表了个人的个性特征与工作情景间的和谐统一程度。这种个性特征越是与某项工作情景相吻合，就越能发挥其潜在能力，并使其获得心理满足，从而在模拟的情景中更充分地表现自己。因此，角色扮演法成为管理人员素质评价的一种重要方式，它主要用来评价一个人的人际关系技巧、情绪的稳定性和情绪的控制能力、随机应变能力、处理各种问题的技巧和方法等。

10.2.4　管理游戏

管理游戏也是评价中心常用的方法之一。它是一种以完成某项“实际工作任务”为基础的标准化模拟活动。通过活动观察与测评被试人员实际的管理能力。在这种活动中，小组成员各被分配一定的任务，必须合作才能较好地解决它。有时，主试人员还会引入一些竞争因素，以进一步分出优劣。有些管理游戏中包括着劳动力组织与划分和动态环境相互作用及更为复杂的决策过程。通过被测试人员在完成任务的过程中所表现的行为来测评被试人员的素质，有时还伴以小组讨论。管理游戏的优点是：它能够突破实际工作情景中时间与空间的限制；模拟内容真实感强，具有浓厚的趣味性；具有认知社会关系的功能。当然，管理游戏本身也存在某些缺点：首先，组织好一次管理游戏，通常需要花费很长的时间去准备与实施；其次，富有开创性精神的被试人员往往会因处于被试地位而被压抑。

10.2.5　评价中心法的其他形式

1. 面谈模拟

面谈模拟是一种特殊的情景模拟。在这种模拟当中，被测试人员要求与另一个下属、同事或顾客进行面谈。通过他们的面谈来测试被试人员的口头交流技能、灵活性、处理人际关系的能力等。

2. 事实判断

在事实判断形式中，被试人员只能看到少量的有关某一问题的信息资料，然后被试人员可以通过询问有关人员一些问题，获得其他的信息。事实判断非常适合于测评被试人员收集信息的能力，尤其是适合于测评被试人员如何从那些不愿意或不能够提供全部信息的人那里获取信息，并最后把握事实的能力。主试人员也可以通过事实判断法测评被试人员的决策技能和压力承受能力。

3．书面案例分析

在这种形式中，让被试人员先看一些有关某个组织管理中的问题材料，然后向高层领导提出一个分析报告。这种方式的优点是操作相当方便，而且可以组合成用于测评一般的能力（例如组织一个生产活动）和特殊技能（例如计算一些财务问题等）。当书面分析报告提交之后，主试人员可以从报告的形式与内容两个方面进行分析评价。其缺点是评分非常主观，难以制定一个客观化的评分标准。

各种评价中心的方法技术形式和使用频率是不一样的，下表列出了部分方法的使用频率。

表 10.1　各种评价中心方法的使用频率

复杂程度	评价中心方法技术形式	实际运用频率（%）
非常复杂	管理游戏	25
很复杂	公文处理	81
很复杂	角色扮演	没有调查
很复杂	无领导小组讨论	44
很复杂	无角色小组讨论	59
很复杂	演说	46
较简单	案例分析	73
简单	事实判断	38
简单	面谈	47

10.3 评价中心法的应用

为了更好地掌握这一方法，现以某公司具体实例加以介绍。

1. 制定考核项目及标准

本公司建立评价中心旨在选拔领导后备力量，确定四方面的考核内容：思维能力、解决问题能力、事业心和合作性。具体划分为13个考核项目，考核项目及标准如下表10.2所列。

表10.2 考核项目及标准

考核项目	说　明
敏捷性	易接受新事物，遇到问题具有举一反三、跳跃式的思维方式，对问题实质有敏锐的洞察力
系统性	能从全局观察问题，又能细致了解事物微小差别，以一种积极、灵活方式着手观察问题和思考解决问题的方案
创造性	有丰富的想像力和强烈的创新意识，能提出工作的改进方法
独立工作能力	在各种不同任务前，不依赖于外界，通过组织控制，有条不紊按时进行
决策能力	从已获得的信息中做出最后结论，得出充分的、深思熟虑的判断
坚韧性	遇到艰难任务能持之以恒，不为外界干扰所影响，以最大的热情和干劲完成任务
主动性	在行动上有紧迫感，不靠上级压力，一切以工作为重
责任心	勇于接受艰巨任务，承担责任，而不设法逃避
风险精神	相信自己能力，对问题采取乐观态度，有勇气面对各种风险
团队精神	争取他人合作，加强整体团结，发挥群体中每个人的作用，以取得最佳效果
处理冲突能力	在他人有不同意见、看法时，能容忍其态度并能和睦达成一致，而不导致利害冲突发生

续表 10.2

考核项目	说　　明
民主性	决策前，能主动听取不同意见，广泛搜集来自不同方面的意见
说服能力	倾听各种不同意见，用具有说服力的证据清晰阐述自己的观点，力求让别人接受，以便共同实施

2．确定评价中心内容

评价中心内容由 8 方面组成。

①领导小组讨论。

【例 1】让小组成员 6～8 人，从下列题组中，选择一个题目进行讨论，并将讨论情况记录下来，时间为 60 分钟。

—— 一个管理者最重要的职能是什么？

—— 怎样才能提高职工的工作积极性？

—— 西部大开发对本公司的发展有何影响？

—— 聘请外国教练来华执教，对中国足球的未来有何影响？

—— 中国如何才成能为世界的强国？

—— 中国加入 WTO 对本公司会产生什么影响及应对措施。

在 60 分钟的时间里，小组成员可能迟迟未选好题目，有可能 5 分钟就决定好了题目，都没关系，对题目的挑选本身就是一个讨论过程，选好了题目后就对该题目继续讨论下去。

【例 2】在没有组长的 6 人小组里，候选人进行提升决策的讨论。这里候选人扮演主管人的角色，他们从上级那里接到一个简短的通知，要求在 6 人小组里挑选一个人给予提升。每个候选人接到一份作为“选拔对象”的档案资料，每个人读完这些资料以后，小组集合进行 1 小时讨论来挑选一个共同的候选人将之推荐出去。

②处理公文。

每个候选人面前有一个文件框，在规定的时间里，来处理这些信件。下面是具体的要求和内容（选择其中几例）：

您是张先生，担任秋雨食品公司的经理，主管全公司业务，下面的任务都要您单独一个人完成，助理王平可以帮助您做些具体工作。今天是4月10日，您开完了一天会刚回来，已是16:00，您的办公桌上有一堆文件，您最好在17:00下班之前将之处理，因为您将去北京参加全国食品卫生鉴定会，机票已订好，司机小李17:00来接您去机场，您于4月16日早晨10:00方能回到本公司办公。您公司的主要产品是秋雨食品系列，如秋雨三宝，秋雨营养液等，产品的市场需求量很大，打算扩大生产规模。

您的时间有限，只有1小时，只有小王可以帮您，但任务却很多。好，现在您可以开始工作了！

以下为几份待处理的文件：

张先生：

您好！中国银行××分行李行长来电约您商讨有关5 000万美元贷款到期后再延长转期3个月的有关问题，他约您于4月12日下午13:00在希尔顿酒店同您会谈，能否赴约请通知李行长。

另，这次贷款延长，对我公司开发秋雨92-A型新产品具有举足轻重的作用，请您给予足够的重视。

财务部：××

19××年4月9日

张经理：

今接××厂徐厂长长途电话：原定本月20日举行的开工典礼，因遇到一些棘手问题尚未解决，决定延期举行。

我告诉徐厂长，您今天到局里开一天会，他表示急需与您取得联系，我答应他待您开会回来立即禀告。我现因要外出联系一项业务，怕碰不到您，特留条转告。

此致

敬礼!

助理：王平

4月10日下午3:00

张经理：

从本季财务报表情况来看，这个月底应收款为500万元，应付款为350万元，应归还银行贷款200万元，月底银行账面余额为250万元。从报表情况来看，本季秋雨营养液的销售情况虽然较好，但××店销货款至今还未汇来。应收款项只能收回10%，因此这月的奖金也发不出去了，所以特将此情况报告于您。因4月15日职工即要领奖金，如工人到时领不到工资和奖金，后果将不堪设想，请您尽快做出决定，以解决困难。

财务：××

致函张先生：

关于加强职工教育工作的报告

职工教育是开发智力，培养人才的重要途径，是持续发展国民经济的可靠保证，它同现代化建设的成败有极其密切的关系。我公司50%的职工没有达到初中程度，缺乏现代科学技术的基础知识，在业务技术方面实际操作的技术水平低，多数管理人员业务水平低，更缺乏现代化企业经营管理的知识。人才缺乏是一个突出问题，如果不改变这种状况就很难掌握先进的技术和设备，就不能管好现代化的企业，就不能消除人力、物力、财力的巨大浪费，也就难以大幅度提高劳动生产率。

我公司虽然生产任务很重，但提高职工的素质也是势在必行的。所以有必要把干部、职工最大限度地组织起来，有计划地进行政治、文化、技术业务培训。我们将在4月16日下午3:00～5:00举行培训协调大会，到时将请您出席，并为我们讲话，从而可以引起有关人员的高度重视，完成我们的培训计划，从而为企业发展做出贡献。

致

礼！

培训部：××

③决策行为讨论。

给被试者看一个录像片断，时间约25分钟。这段录像表现的是三个典型环境内的三位经理，他们的工作经历和所受的培训都很相似，要从三个人中挑选一个最合适的担任分厂经理，但主管部门的领导迟迟不能决定，原因在于他们三位各自存在不同的特点。

甲：该先生年轻有为，常以做出决策为自豪，雷厉风行。他常说，为什么要浪费时间呢？反正100%正确的决策是不可能的。在该片中他将完成一份报表，但几经修改仍得不到上司的肯定，事后再返工。综合起来，他有下列特点：

——按时完成任务　　——合作性不好
——有自信心　　——情报加工不完善
——接受指示　　——考虑问题不全面
——愿意承担责任　　——做出决定太急促
——年轻，有生气　　——勇于决定问题

乙：该先生认为好的决策必须代表本人自己的信念。他工作认真，尽心尽力，只使用和奖赏自己信得过的人。录像中有一个培训的名额，应该让给更需要它的人，但他还是给了自己的亲信。综合起来，他具有以下特点：

——自信　　——审查
——工作努力　　——不理智
——乐于作决定、主观　　——办事主观、固执
——对他的同事们很了解并经常想到他们　　——合作性差

——对有成绩的人给予酬谢

——照顾熟人，搞关系网

——很具有说服教育能力

——对决定的正确性不进行过多的考虑

——不乐意担风险

丙：该先生考虑问题全面，深思熟虑，责任心强。录像中他将选择一台机床，为此他收集了各种各样的情报，但迟迟不作决定怕冒风险，他不能做出决定挑选哪种机床好。综合起来他具有下列特点：

——不妥协

——仔细

——合作性好

——收集各种情报

——利用这些情报作决定

——责任心强

——自信

——考虑问题周到

——多疑

——怕作决定

——怕担风险

——不果断

——怕承担责任

要求候选人进行讨论，目标是在 1 小时之内对三位经理的主要特点取得一致意见，并确定出担任新建立的分公司领导人的顺序。

讨论当然也没有领导参加，由小组决定讨论的进程，观察的内容，考察的指标都与领导小组相同。除此以外，从候选人推选的领导人顺序也可以看出他们自己的决策风格和工作方式，还可以作为评价者评价时的参考。

④说服谈话。

这个项目旨在考察候选人的说服能力、表达能力和处理冲突能力，以及灵活性、敏捷性等。

【例】让被试者扮演经理的角色，接下来的任务是和《决策行为讨论》中的三位候选人之一进行谈话，告诉他将不被提升担任分厂经理。分厂经理由评委扮演，被试人用 15 分钟的时间准备，谈话将持续 30 分钟，在这半小时内，主试人将设立种种障碍，强调各种理由，说明被试人的决定是错误的，而被试人竭尽全力让主试人接受自己的观点。

⑤演讲。

演讲既可以是即兴的，也可以是有所准备的。即兴的可以在抽到一个题目以后略作准备，5分钟左右即可以上台讲演；后者可以有一个小时的时间准备演讲，时间为10分钟，还有5分钟让在座的6～8位评委对被试人的演讲内容进行提问，让被试者回答问题。

评委可以从以下几个方面来进行观察：声音是否洪亮有力，口齿是否清楚，抑扬顿挫，还是平平淡淡缺乏感染力，或者吐字不清；举止是否自然、平静放松；目光是否与听众进行了交流，是否望着天花板或者某一人、某一处；段落结构是否清楚，论点与论据的关系如何，层次如何，论据是否有说服力；回答提问是对答如流，还是答非所问等等。如果做到了以下的标准，该讲演就是成功的了。

⑥辩论。

辩论是个集体项目，它可以着重考察候选人的团队精神和处理冲突的能力。辩论的辩题很重要，一般选择中性的题目，这样对正、反两方能尽量做到公正。

方法如下：首先候选人按抽签的方法分为正方、反方两个组，每组人员相等（3～4名）；分两个小组进行讨论、酝酿；每组的各个成员依次发表观点，即个人发言，最后一位将总结本方的观点。自由辩论，这时将打乱秩序性，相互询问质疑。时间分配一般如下：分组准备时间为20分钟，个人发言时间每人为5分钟，自由辩论时间为60分钟。这样，一场辩论一共约需两个小时。

在这两个小时时间里，评委应从下面几个方面进行观察：候选人是否注意倾听对方陈述的观点；自己在表达观点时与所举的事例是否一致；进行辩论是否注意内部合作；辩论是否离开了辩题；能否敏锐地抓住对方的漏洞进行反驳；谁是辩论的中心人物等等。评委在仔细观察的基础上做出评价。

⑦作文练习。

作文练习一般为起草一份施政纲领或者进行案例分析。

【例 1】施政纲领。

试对本企业的一个部或该科的情况作一分析，并谈谈假如让您担任该部或科的经理，您在上任后的半年内有何工作打算？

时间：90 分钟，字数在 1 200～3 000 字。

【例 2】案例分析。

有一位理发师开设了一家单人理发店，生意不错，但他发现常有许多顾客因不愿久候而离去。为了改变这种状况，理发师向一位管理人员请教了以下三个问题：有多少种改变现状的办法？这些办法的利弊如何？怎样对最优的方法制定可行的计划？

现在您作为这位管理者回答理发师提出的问题。您准备着手做哪些工作？又怎样去做？请用一篇短文来表述，短文的题目由您自己确定。

时间：60 分钟，字数在 1 000 字以上。

作文的评判可以看出候选人的文字能力、思维的条理性等。从候选人提出的观点和方法看其是否有新意，能创造。

⑧心理测验。

心理测验是对被试者的个性、能力的测量，它能帮助评委全面了解被试者，也能发现其潜在的能力，因为在评价中心中也采用了该方法，由于心理测验前面已有介绍，在此不详述。

3. 评委的安排

评委的安排包括评委的培训安排以及时间安排。

评委的培训分三个阶段：第一阶段是熟悉各种假设的条件及行为描述的基本点；第二阶段是培训观察、记录和鉴定能力，制订评价表；第三阶段是培训如何谈话，熟悉谈话的技术和技巧。

在时间安排上，一般而言，评价中心用来评选初级管理人员的典型评价项目，需要花费一天时间，而衡量中级管理人员则需要三天时间。评价中心一次评价 6～12 名被评者，由 6 位评价员进行测评。具体考评时间安排如表 10.3 所列。

表 10.3　考评时间安排

时间				项目
天数		时分起止	时分数	
第一天		18：00～19：15	75	晚餐
第一天		19：20～19：30	10	致词
第一天		19：30～19：40	10	介绍日程安排
第一天		19：40～20：40	60	个人自我介绍
第二天	上午	7：30		早餐
第二天	上午	8：00～8：10	10	向评委介绍
第二天	上午	8：10～8：15	5	解释“无领导小组讨论”
第二天	上午	8：15～9：15	60	无领导小组讨论
第二天	上午	9：15～9：30	15	休息
第二天	上午	9：30～10：20	50	评委评分
第二天	上午	10：20～10：25	5	解释公文处理
第二天	上午	10：25～11：25	60	公文处理
第二天	上午	11：30～12：30	60	午餐/休息
第二天	下午	12：30～13：30	60	案例分析/阅读公文处理结果作采访准备
第二天	下午	13：30～13：35	5	解释“辩论”
第二天	下午	13：35～15：05	90	辩论
第二天	下午	15：05～15：20	15	休息
第二天	下午	15：20～16：20	60	评委评分
第二天	下午	16：20～17：50	90	采访谈话/16PF 测验
第二天	下午	18：30～		晚餐/休息

续表 10.3

时间			项目
天数	时分起止	时分数	
第三天	8：00～8：05	5	解释“演讲”
	8：05～8：35	30	准备演讲
	8：35～11：35	180	演讲
	11：35～13：00	85	午餐/休息
	13：00～14：00	60	回顾总结

4．计算被考核者的得分

本次测试采用多人评分制，用5级评分法将各指标的得分分成高、较高、一般、较低、低共5级，分别计以5，4，3，2，1分。被试者各指标得分汇总如表10.4如列。

表 10.4 被试者得分

被试者	敏捷性	系统性	创造性	独立工作能力	决策能力	坚韧性	主动性	责任心	风险精神	团队精神	处理冲突能力	民主性	说服能力	总分
1	16	15	15	4	8	4	4	8	4	4	9	3	13	107
2	16	16	17	4	8	4	4	7	3	4	7	4	16	119
3	15	14	15	4	7	4	4	8	4	4	8	3	14	104
4	16	16	14	4	6	4	4	7	3	4	8	4	15	105
5	15	14	13	4	7	4	4	8	4	4	9	4	14	104
6	9	13	12	4	6	3	4	7	3	4	6	4	11	86
7	17	16	16	4	7	4	4	8	3	3	7	3	15	107
8	17	15	13	4	7	3	4	7	3	4	7	3	16	104
9	15	14	12	4	8	4	3	8	4	3	7	3	12	97
10	13	14	13	3	7	3	3	7	4	4	6	3	12	92
…	…													…

5. 结果分析

综合考核过程中每个人的具体表现，可以区分高分者与低分者的差异。

本章重要概念和术语

评价中心　　公文处理法　　角色扮演法

管理游戏　　无领导小组讨论

第 11 章
绩效考评方法

绩效考评的方法很多，但每一种方法往往只能达到某一种特定的目的。为了提高绩效考评的有效性，一般要结合运用几种考评方法，其选用取决于组织的类型、工作的性质及考评对象的特点等。

11.1 与认同目标相比的考评方法

这主要指目标管理法（Management by Objectives，英文简称 MBO)。这种方法指由主管人员和下属共同讨论和制定员工在一定时期内需达到的绩效目标，以及检验目标的标准；经过贯彻执行后，到规定期末，主管人员和下属双方共同对照既定目标，依据原订的检验目标的标准，测评下属的实际绩效，找出成绩和不足，然后双方本着合作互利、发扬优点、克服缺点的原则，制定下一阶段的绩效目标。因此，目标管理是一个递进性的循环过程。

目标管理法作为一种现代管理的绩效考评方法，有其特定的适用领域。它一般适应于从事工作独立性强的人员考评，如管理人员、专业技术人员以及销售人员等。而对从事常规水平的工作人员并不适用，如流水作业线上的工人就不适合采用目标管理。

11.2 与工作标准相比的考评方法

这主要有核查表法、评价量表法、关键事件法、行为锚定评价量表法、混合标准量表法以及短文法。

11.2.1　核查表法

核查表法亦称清单法（Checklists）。通常由考评人员经过实地观察、调查访谈之后，对照被考评对象的工作说明书和规范书而拟定考评清单条目。这些清单条目必须对工作绩效优劣有着关键意义，并用行为性文字进行描述。如表 11.1 所列。

表 11.1　绩效考评核查表（举例）

姓名____　　部门____　　职务____　　日期____

1. 操作机器是否规范？				
□	□	□	□	□
经常违反操作工作规范，危害本人与同事	工作不踏实，疏忽操作规范	能注意操作规范	符合操作规范，不出差错	严格按照规范操作，并推进规范操作
2. 产品数量如何？				
□	□	□	□	□
怠工，产品数量经常不能完成定额	有时产品数量不能完成定额	产品数量基本能完成定额	产品数量有时能超过定额	产品数量常常能超过定额
3. 产品质量如何？				
□	□	□	□	□
常常出次品浪费材料	有时不注意时会出次品	注意产品质量基本不出次品	质量意识强产品质量合格	非常注意质量产品精益求精
4. 与同事的工作关系如何？				
□	□	□	□	□
与同事不能和睦相处，我行我素	有时不能配合同事的工作	与同事合作相处尚可	需要时能主动帮助同事	常常能主动配合同事，合作愉快

续表 11.1

姓　　名	部　　门	职　　务	日　　期	
5. 具有工作知识如何?				
□	□	□	□	□
工作知识不能胜任所从事的工作	工作知识略有欠缺，影响从事工作效果	工作知识能应对所从事的工作	工作知识较丰富，能做好所从事的工作	工作知识非常丰富对所从事的工作游刃有余

由于考评核查表具有一组现成文字说明的备选条目，因此，考评者只需按条目核查后选择打勾即可。此法具有便捷易行的特点。但是，此法在设计时并不容易。因为考评条目必须是反映工作绩效优劣的关键因素，所以，这些条目必须在作过几番实地调查研究后精心提炼，而且不同种类的职务需要制成相应的不同条目清单，以提高考评的准确性和有效性。可见，考评核查表的设计不仅费工，而且成本也不低。

11.2.2　评价量表法

评价量表法（Rathehaes）用得最为普遍。此法在本质上与上述的核查表法相接近，所不同的是，核查表法必须使用文字说明，评价量表法则不一定，有时可只用数字而不附文字说明，甚至可以只列一个具有均等刻度与分段的标尺，让考评者适当勾选。

评价量表法需作维度或因素分解，以每一维度划分等级。通常划分为 5 个等级：即很好、较好、中等、较差、很差。表 11.2 是典型的评价量表的样例。

在绩效考评活动中，运用评价量表可实现量化考评，并以最终评分值作为奖金系数，可操作性也较强。但此量表的设计，特别是维度的选用和确定，同样需要较多的准备。

11.2.3 关键事件法

关键事件法（Critical Incidents）是以记录直接影响工作绩效优劣的关键行为为基础的考评方法。采用此方法必须保持对被考评者的日常绩效记录，这种日常绩效记录与一般信息收集性的生产记录、出勤记录等有所不同，记录的不但是具体的事件和行为，而且是突出的、与工作绩效直接相关的事件和行为（见表11.3）。在通常的考评中把关键事件法与量表评分结合起来应用，可以得出令人信服的考评结论，易为被考评者接受和理解。

11.2.4 行为锚定评价量表法

行为锚定评价量表法（Behaviorally Anchored Rating Scales，简称BARS），是一种基于关键行为的评价量表法，是将评价量表法与关键事件法相结合的一种方法。由于行为锚定是对被考评者的工作行为的预期设定，因此，此法也称为行为期望评价量表。

表11.2 某公司对销售经理考核的评价量表

________公司　　销售部门____________　　编号:________

姓名:________　　职务:销售部经理　　考核日期:________

考核要素		各子因素评价				子因素权重	
		较差	一般	好	很好	极其出色	
A:工作指标及工作质量(60%)	A_1 销售收入(万元/年)	<1 500	1 500～1 800	1 800	1800～2000	>2 000	15%
	A_2 利润(万元/年)	<100	100～140	140	140～200	>200	15%
	A_3 客户投诉(年/次)	>3	2－3	1	0	0,且常有表扬信	15%
	A_4 准时交货(迟交次/年)	>10	5～9	1～4	1	0	15%

续表 11.2

考核要素		各子因素评价					子因素权重
		较差	一般	好	很好	极其出色	
B: 工作积极性、主动性与责任心 (20%)	B_1 出勤率(缺勤天/年)	5天及5天以上	不超过5天	不超过2天	全勤	全勤且常常加班	5%
	B_2 合理化建议(次/年)	没有提过	提出3次以上	提出5次以上且有1次被采纳	提出5次以上且有3次被采纳	提出5次以上，且有3次被采纳同时其中一次获奖	5%
	B_3 开拓精神	不强	一般	强	很强	极强	5%
	B_4 承担风险	较差	一般	敢于	很敢于	极敢于	5%
C: 协调及合作 (20%)	C_1 对上级或职能部门布置工作完成情况	经常不按时完成	有2次没完成	基本按时完成	按时完成	提前完成	10%
	C_2 与同事下属的协作情况	不够主动	一般	主动	积极主动	非常积极主动	10%
评分值		0	0.5	1	1.2	1.5	100%

表 11.3 运用关键事件法对工厂助理管理人员进行工作绩效评价

负有的职责	目　　标	关键事件
安排工厂的生产计划	充分利用工厂中的人员和设备；及时发布各种指令	为工厂建立了新的生产计划系统；上个月的指令延误率降低了10%；上个月提高设备利用率20%
监督原材料采购和库存控制	在保证充足的原材料供应前提下，使原材料的库存成本降低到最小	上个月使原材料库存成本上升了15%；A部件和B部件的定购富余了20%；C部件的定购短缺了30%

续表 11.3

负有的职责	目　　标	关键事件
监督设备的维修保养	不出现因设备故障而造成的停产	为工厂建立了一套新的机器维护和保养系统；由于及时发现机器部件故障而阻止了机器的损坏

行为锚定评价量表通常由行为学专家与企业考评人员共同讨论设计。针对某一被考评职务选出适当的考评维度，每一考评维度附以行为描述文字和相对应的评分标准（通常为数字刻度），见表 11.4。该表描述的是海军招募人员行为锚定评价量表。

表 11.4　行为锚定等级评价表（海军招募人员）

推销技能

说服候选人加入海军的能力；用海军所能提供的福利和各种机会来有效地使候选人对海军产生兴趣的能力；办理手续的能力；将不同的推销术有选择地运用到不同候选取人身上的能力；有效地推翻对参加海军所存在的异议的能力。

如果一位候选人说他只对核武器感兴趣，如果不是从事此类工作，他是不会参加海军的。

9	这个时候，招募人员并不放弃，而是会与这位年轻人谈起电子领域的技术，并强调在海军中可能获得电子技术方面的培训。
8	海军招募人员会严肃地对待反对加入海军的意见；努力用相关的和反面的事实来驳倒这种观点，为海军职业进行辩护。
7	当与一位高年级高中生交谈时，招募人员会提起出自同一学校的已经加入海军的其他高年级学生的名字来。
6	如果一位侯选人只适合海军中的一种工作，那么招募人员将极力向候选人传达这样一种信息：这种工作是极为有意义的。

续表 11.4

5	……
4	当一位候选人正在犹豫应当加入哪一军种的时候，招募人员应当尽力描绘海军在海上的生活以及在港口的意义。
3	在面谈中，招募人员对一位候选人说："我将尽力送你入你想要去的学校，但是坦率地说，至少在三个月之内它还不会开学，因此你为什么不做出第二次选择并且马上就走呢？"
2	尽管候选人一再强调他已经决定参加海军了，可招募人员还是坚持要向他再提供一些小册子和电影资料。
1	当一位候选人陈述了反对加入海军的意见时，招募人员就终止了谈话，因为他认为此人肯定对加入海军不感兴趣。

11.2.5 混合标准量表法

1972 年，美国学者伯兰兹（Blanz）和吉塞利（Ghiselli）提出混合标准量表法（Mixed Standard Scales，简称 MSS）。此量表在设计时，首先分解出若干考评维度，并为每一维度的好、中、差三等拟出一条范例性的陈述句。然后将这些陈述句打乱，随机排列，每一考评维度也不予以指出。考评者只要根据被考评者的实际工作表现，与这些范例性的陈述句逐条对照评价：如果范例描述与被考评者的表现相符，则在此范例陈述句后写上"0"号；如果被考评者的表现不及范例描述的那样，则在此范例陈述句后写上"－"号；如果被考评者的表现优于范例描述的那样，则在此范例陈述句后写上"＋"号。最后，根据所给符号评判被考评者的工作表现。表 11.5 所示的是考评巡警官绩效的混合标准量表。

表 11.5　混合标准量表

以下是对巡警官工作行为的一些描述。您的任务是仔细对照这些描述，根据巡警官的实际表现做出您的判断。如果您认为这巡警官的表现优于描述的行为，则在右边的空格内写上“+”，不及描述的行为，则写上“-”，适合描述的行为，则写上“0”。

1	由于缺乏职务知识，不能正确地告知公众有关法规条例	+
2	能够花时间仔细解答新来巡警官提出的问题	0
3	从不向他人询问法律条文	-
4	对发生在十字街口，扰乱交通秩序的交通违规行为不写传票	-
5	在面对一个设置路障、身带武器的嫌疑犯的场合，能协助弄清楚哪些是旁观者，及时消除路障	+
6	在犯罪现场，能为保留证据履行正确的手续	0
7	在执行公务中，会使用歧视性的语言或带有歧视性的口吻	-
8	一旦发现交通违规行为就要写上传票，不受其他因素干扰	+
9	与其他巡警官相处是友好的，与其相处是愉快的	+

混合标准量表由于打乱了考评维度，掩盖了评分等级，因此，在考评时可减少考评者的主观成分，诸如晕轮效应和宽容因素等，从而提高考评的准确度。但是，这种方法也具有与行为锚定评价量表法同样的缺点，即存在对关键行为描述的文字局限

性，以及与实际行为表现的复杂性之间的差距。

11.2.6 短文法

短文法（Essays）是通过一则简短的书面鉴定来考评的方法。书面鉴定一般谈及被考评者的成绩和长处、不足和缺点、潜在能力、改进建议及培养方法等。这种方法属于主观判断型的定性考评方法，它只是从总体上进行考评，不会考评维度，也无具体的考评标准和量化数据，因而优点和缺点并存。优点是操作灵活简便，考评者可根据被考评者的特点而评定，针对性强；缺点是缺乏具体的标准规范，难作相互对比，掺入的主观成分也多。因此，这种方法一般必须与其他考评方法结合使用。

11.3 在个体之间相比的考评方法

这是对被考评者个体作相互比较而进行考评的方法，主要包括排列法、对比法和强迫分配法三种。

11.3.1 排列法

排列法（Ranking）是一种古老的考评方法。它根据某一考评维度（如工作质量），将全体考评对象的绩效从最好到最差依次进行排列。这是一种很简单的也是很粗糙的考评方法，一般只适用于小型组织的人员考评，而且被考评对象必须从事同一性质的工作。如果存在工作性质差异，或是对跨部门的工作人员进行考评，采用此法，则在操作时难度很大。

11.3.3 对比法

对比法（Paired Comparison）是将每个被考评者就某一考评要素（如工作质量、工作数量等），与其他被考评者进行对比，优者为“+”或“1”，逊者为“-”或“0”，然后再比较每个被考评者的得分，并排出次序，见表 11.6 所列。

表 11.6　对比法举例

	A	B	C	D	E
A		− +	+	+	
B	+		−	+	−
C	−	+		+	+
D	−	−	−		−
E	−	+	−	+	
对比结果	差	中	差	最好	中

此表为某一考评要素，A，B，C，D，E 分别为五个被考评人，对角线右上为评定原始记录，对角线左下为反对称结果。

对比法实质上是将全体被考评者看成一个有机系统，这种系统性有其科学合理性，但是这种方法受到被考评者总数的制约。如果被考评者总数为 n，按照对比法的规则，每一考评维度的对比次数就是 $n(n-1)/2$ 次。也就是说，若考评 10 人，在每一考评维度上的对比次数就是 45 次，又若考评维度有 4 个，一次完整的考评活动就需对比 180 次。可见，这种方法在操作时很繁琐费时，因此，在现实中的应用概率很小。

11.3.2　强迫分配法

强迫分配法（Forced Distribution）是根据事物呈正态分布规律，预先将被考评者划分成几类（例如划分成好、中、差等各类），每一类硬性规定一个百分比，然后对照被考评者实际绩效的优劣程度，强制归入其中的某一类，见表 11.7 所列。

表 11.7　强迫分配法

	考　评　分　类				
比例	很好 10%	较好 25%	中等 30%	较差 25%	很差 10%
姓名	赵×	钱×	孙×	李×	周×

强迫分配法较适用于被考评人数较多的考评活动，操作起来也简便。由于它遵循正态分布规律，可以避免考评者主观性的偏宽和偏严等偏差。但是，由于这种方法着眼于总体状况，缺乏具体分析，考评结论往往不能完全做到实事求是和公平、公正。

综上所述，各种绩效考评方法都各有其优点和缺点，究竟采取哪种考评方法，要依据考评目的和其他具体情况而定。

本章重要概念和术语

目标管理法　　核查表法
评价量表法　　关键事件法
行为锚定评价量表法　　混合标准量表法

第 12 章
人员测评的组织实施

人员测评，一般须经过准备、实施、数据调整与处理，以及测评结果的分析，最后得出结论等一系列工作。本章根据人员测评组织实施的程序分别加以说明和分析。

12.1 人员测评程序

12.1.1 测评准备工作

1. 建立测评小组，选择和培训测评人员

在测评前，应设立测评工作小组。测评工作的有效性，直接受测评人员的数量与质量的影响，因此，需要做好测评人员的选择与培训工作。对测评人员的要求，应从以下几方面考虑：一是测评人员的素质，包括原则性、公正性、独立思考能力、实际经验等；二是掌握测评的相关技术，包括熟悉测评指导语，熟悉测评的具体程序与方法等。

在测评人员数量的确定上，从理论上讲，数量越多，得出的结果越接近于客观，但在实际操作中，则应根据各组织的具体情况和测评的具体需要而定。一般来说，对某一被测评对象进行测评，应该在 10 人左右，并且还应注意测评人员在专业知识、部门和职位层次上的搭配，实行全方位的考核。

2. 确定测评内容

测评内容是根据测评目的而确定的。在测评目的上，一是以选拔为目的，因而测评内容应根据所选拔岗位的任职素质要求（通常以工作分析与工作说明书为依据），针对不同职务、不同岗位、不同组织的特征以及某些特殊需要来确定。二是以诊断、评价为目的，则可根据诊断、评价的内容来确定测评内容。

3. 确定测评的基本形式与测评工具

测评的形式和工具决定了测评目的的完成与否。不恰当的测评形式与工具将会导致虚假信息的收集，并误导决策的制定。测评形式与工具以测评内容的不同而不同。例如，当要测评应聘的营销人员的口头表达、情绪控制能力时，应采用情境模拟测验，而不应采用纸笔测验。如果应聘者的动机对工作绩效的高低有决定性影响，但考虑一般自陈量表的动机测验题目表面效度过高，或应聘者容易表现出较高的社会赞许性时，可以采用隐蔽性比较高的投射测验。

4. 选择测评时间

选择恰当的测评时间，对测评工作也有一定影响。一般而言，测评指标会不同，测评时间也不同。表 12.1 提供了各种测评在一年中的参考次数。

表 12.1 人员测评年间隔次数

月份 结构	1	3	6	9	12
成绩	√	√	√	√	√
品德		√			√
智力、能力					√

在测评具体操作时，如果选用集中测评方式，那么，测评时间最好不要选在一周开始的第一天或周末，而应选在一周中间的那几天；如果不采用集中测评的方式，测评人员则不受具体“操作”时间限制，可以在一定时间范围内，将测评时间选择在他认为合适的时间里进行，但一定要预先通知当事人，以便安排好工作，配合测评工作的进行。

5．选择测评环境

测评的环境条件是影响测评成绩的一个重要因素。不同的环境条件可能导致出不同的结果，或导致测评结果的难以解释。尤其对于操作性的测验，测验的环境如果布置得太严肃，容易让被测评者感到紧张。因此，测验场所必须确保具有良好的物理环境，包括安静而宽敞的地点，适当的光线和通风条件，适宜的温度与湿度，在测试时还要防止干扰。需要说明的是，在施测时，首先必须完全遵守测评手册的要求布置测评的场所，其次要在施测过程中记录下任何意外的测评环境因素，以便在解释测评结果时加以考虑。

12.1.2 人员测评的实施

人员测评的实施阶段是测评小组对被测评对象进行测评，并采集测评数据的过程，它是整个测评过程的核心。

1．测评前的动员

测评前动员工作的目的，是使参加测评工作的所有人员统一思想，明确测评的意义和目的，为测评的顺利进行提供保证。动员工作原则上应在不影响党政工作的前提下进行。

2．测评操作程序

测评操作包括从测评指导到实际测评，直至回收测评数据的整个过程。

第一步，应报告测评指导语。测评指导语是在测评实施时，用来说明测评的进行方式以及如何回答问题的指导性语言。在施测过程中，应使用统一的指导语。下面是一项能力倾向测验的指导语的例子：

请在答题卷的右上角写上你的名字。在测题本上不要做任何记号。本测验的目的是要测查你的逻辑推理能力，请将你的答案写在答题纸上，在每道题中，你认为正确的选项，可画圈表示，例如：题13：1 2 3 ④，表示你选择答案“4”。你的测验成绩将由你正确回答的题目的数量决定，因此，在你对某题没有把握时可以猜测，不要漏掉任何题目。如果测验时有什么问题，可以举手，询问主考人员。完成测验后请将答题纸和测验题本一起交给主考人员，之后方可离开考场。

测验的指导语必须清楚、明确、易懂、有礼貌，必要时可作适当的演示，并且注意观察被测评者的反应。

第二步，进行具体操作。测评时，考评人员可采用单独操作或对比操作的方式对被测对象进行考评。单独操作是考评人员在对某一被测对象全部测评指标完成以后，再对另一对象进行测评，直到测评完所有被测对象为止。对比操作是把所有被测评对象进行分组，然后把某一组的指标根据相应的测评参照标准内容，采用对比的方式，对组内每个被测对象进行对比测评。

第三步，回收测评数据。测评完的数据，要由测评主持人统一进行回收。如果是集中测评，测评主持人应把收集到的全部数据当众进行封装，减少被评人员的顾虑。如果不是采用集中测评的方式，在发出考评表格时，要发给每位被测评人员一个信袋。测评完的数据，由每位被测评人员自己装进信袋并进行封装，之后再交给测评主持人，或由测评主持人向各位被测人员索取信袋。

12.2 评定结果的处理与调整

12.2.1 评定结果的处理

评定结果处理的基本程序如图 12.1 所示。

1. 评定等级与评定分数的转换

评定的计分方法有两大类：一级判断计分法与二级判断计分法。一级判断计分法属于直接计分的手段，其评定成绩可以直接指派为分数。例如：一级相当于 1 分，二级相当于 2 分等。在需要用 100 分制体现一级判断的分数时，可按比例换算。二级判断

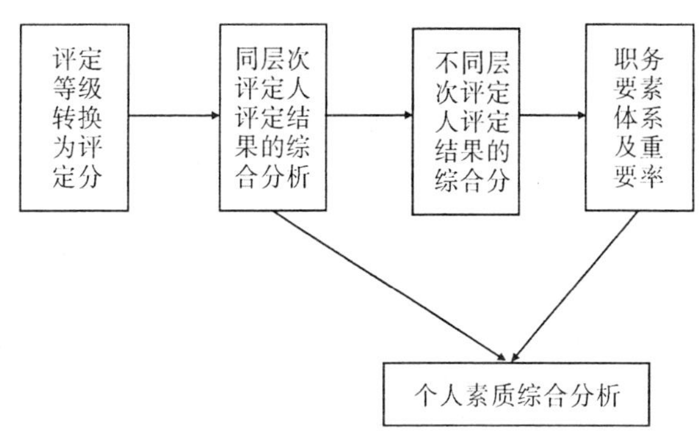

图 12.1　评定结果数据处理基本程序图

计分法属于间接计分的手段。数据处理时，有一个额外的将字符转换为分数的过程。常用的 5 等判断、15 等度量以及二级思维的二级判断的评定等级转换为评定分数的对照表（如表 12.2 和表 12.3 所列）。

表 12.2　转换为百分制

评定等级	1	2	3	4	5
	下、中、上	下、中、上	下、中、上	下、中、上	下、中、上
评定分数	6 13 20	26 33 40	46 53 60	66 73 80	86 93 100

表 12.3　转换为 5 分制

评定等级	1	2	3	4	5
	下、中、上	下、中、上	下、中、上	下、中、上	下、中、上
评定分数	0.3 0.7 1	1.3 1.7 2	2.3 2.7 3	3.3 3.7 4	4.3 4.7 5

2. 同层次评定人评定结果的综合分析

综合同层次若干个评定人对某一个体素质的评定成绩时，可根据该层次不同评定人对被评人的熟悉程度，用两种不同方法进行数据处理。

如果同层次评定人与被评人的熟悉程度或了解程度大体相同，可以运用简单算术平均法或体操打分法进行数据处理。简单算术平均数计算公式为：

$$\overline{X}=\frac{\sum X}{n}$$

式中：$\sum X$——总和；

X——每个评定人评定某要素的成绩；

n——参加评定的同层次评定人人数。

【例 1】某局 6 个中层干部评定局长的“事业心”，成绩分别为 70，68，71，65，66，72 分，该层次评定人评定“事业心”的平均成绩为

$$\begin{aligned}\overline{X}&=\frac{\sum X}{n}\\&=\frac{70+68+71+65+66+72}{6}\\&=68.67\end{aligned}$$

3. 不同层次评定人评定结果的综合分析

综合不同层次评定人评定某人某要素平均成绩的过程，是一项加权运算过程，这个过程的有效性依赖于“纵向层次加权系数表”的科学性。应用“纵向加权系数表”综合计算平均成绩的过程，由下列两个环节组成。

4. 职务要素体系的综合分析

根据评定的目标不同，职务要素体系的综合分析有两种不同的方法，即简单相加法和职务权重相加法。

如果评定的目标是一般性的人才普查，或寻求一些各方面比较突出的人才，职务要素体系分析中可运用简单相加法，即把各要素评定分数（各层次评定人的平均评定分数）直接相加，通过

分析各被评人总分的高低差异来进行相互比较。

如果评定的目标是要分析某人适合于从事何类职务，或比较某职务中若干个任职者的基本条件，或期望为某类工作岗位选择合适的人选，应当运用职务权重相加法。这种方法的特点是根据不同职务的不同性质，加重或放大与职务成败密切相关的要素权重，减轻或缩小与职务成败关系不甚密切的要素权重，为人适其职、职得其人提供有效的信息。

12.2.2　评定结果的调整

在测评工作中，由于不同测评人的个体差异或不同被测评人的情境条件差异可能会产生测评误差。常见的测评误差可按不同的标准进行分类。根据测评情况分析，可把测评误差分为随机误差与疏失误差。根据测评的结果划分，可把测评误差分为个别误差与局部误差。测评误差的调整，可分为测评前调整与测评后调整以及猜测修正等形式。

1. 测评前调整

所谓测评前调整是指在测评实施之前，对容易引起测评误差的因素加以防范与克服。例如：测评量表编制要科学、合理，各要素判分的参照标准要确切、清楚；要通过多种形式的思想工作，鼓励所有测评人抱着对事业、对同志负责的态度参与测评工作；要对测评人进行科学的选择，真正把各层次中了解被测评者的人包容进来；要对测评者进行适度培训，使之掌握测评的基本知识，严格按照标准进行判分。

2. 测评后调整

所谓测评后调整是指实施测评之后，运用一定手段对测评结果中出现的实际误差加以鉴别与修正。因为测评后调整是测评误差调整的一种补救手段，且本身又有一定局限性，所以应该坚持测评前调整为主，测评后调整为辅的原则。常见的测评后调整方法主要有下列两种：

第一，应用测量误差理论调整测评误差。测量误差理论，是概率论在工程测量工作中进行数据分析处理的一种应用。测评的随机误差虽然是随机出现的，但它又具有符合概率分布规律这一特性，即大误差出现次数少，小误差出现次数多；过高评价出现的正误差及过低评价引入的负误差，其出现机会随着测评人数的增加趋于均等，如图 12.2 所示。图中 X 为均分值，K 为肖维涅判据，它是随着测评人数的不同而产生变动的，σ 为标准差。

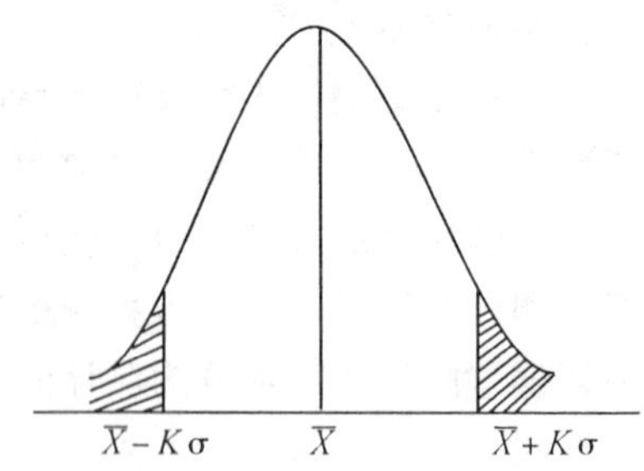

图 12.2 测评结果分布图

应用测评误差理论调整测评误差的过程由五个步骤组成。

第一步，求测评结果的平均分 $\overline{X}=\frac{1}{n}\sum_{i-1}^{n}X_i$

第二步，求标准差 σ。

第三步，求随机不确定度 λ，判断流失误差，利用肖维涅判据剔除可疑数据。

$\lambda=K\sigma$（与评定人数相关 K 值可查肖维涅判据表，如表 12.4 所列）。若 $|\mu_i|>\lambda$，则可认为这个 $|\mu_i|$ 属于可疑的异常误差，而把相对应的可疑数据 X_i 剔除掉。若发现不止一个误差的绝对值大于 λ，则应把其中 $|\mu_i|$ 最大的一个数据 $|X_i|$ 剔除，然后按上述第二和第三的步骤重新计算新的 σ' 值，新的随机不确定度 λ'，剔除新的可疑数据，如此反复运算，每次只剔除一个 $|\mu_i|$ 最大的一个数据 X_i，直到全部符合肖维涅判据，没有可疑数据为止。最后一

次得到的平均分数（$\overline{X}$）即为这个要素平均值。

第四步，求均值的标准差（用以试题均值的精确度）。

$$\sigma'_{\overline{X}} = \frac{\sigma}{\sqrt{n}}$$

第五步，求均值的不确定度（又称极限误差）。

$$\lambda_{\overline{X}} = 3\sigma_{\overline{X}}$$

通过上述五个步骤的分析，既可取得每个测评要素的均值，又可知误差校正、均值相差的范围。

【例 1】某单位对某人“事业心”这一要素的打分情况是：95 分 1 人，85 分 6 人，80 分 10 人，75 分 4 人，70 分 2 人，65 分 1 人，共有 24 人参加评定（$n=24$）。

①$\overline{X} = \dfrac{95\times1+85\times6+80\times10+75\times4+70\times2+65\times1}{24}$

$=79.58$

②$\sigma = \sqrt{\dfrac{1}{n}\sum (X-X')^2} = 6.24$

③查表 12.4，当 $n=24$，$K=2.32$ 时，有

$$\lambda = K\sigma = 2.23\times6.24 = 14.48$$

$$\overline{X}+\lambda = 79.58+14.48 = 94.06$$

可见 95 与 65 均为可疑数据。在下式中

$$\overline{X}-\sigma = 79.58-14.48 = 65.10$$

剔除 $|u_i|$ 最大的 95 后，重复上述过程。

$$n=23,\ \overline{X}=78.91,\ \sigma'=5.43,\ \lambda=2.30\times5.43=12.48$$

$$K=2.30,\ \overline{X}+\lambda=91.39,\ \overline{X}-\lambda=66.43$$

这时只有 65 为可疑数据，予以剔除后，再重复上述过程。

$$n'=22,\ \overline{X}=79.55,\ \sigma''=4.61,\ X=2.28\times4.61=10.50$$

$$K=2.28,\ \overline{X}+\lambda=90.05,\ \overline{X}-\lambda=69.05$$

因为此时 $X-\lambda < X_i < X+\lambda$，$i$ 为 1，2，…，22，所以所剩数

据全部符合肖维涅判据（见表 12.4），已无可疑数据。

④$\sigma_{\overline{X}}=\frac{\sigma}{\sqrt{n}}=\frac{4.61}{\sqrt{22}}=0.98$

⑤$\lambda_{\overline{X}}=3\sigma_{\overline{X}}=2.95$

表 12.4　肖维涅判据表

n^*	K^{**}	n	K	n	K	n	K
10	1.96	16	2.16	22	2.28	28	2.37
11	2.00	17	2.18	23	2.30	29	2.38
12	2.04	18	2.20	24	2.32	30	2.39
13	2.07	19	2.22	25	2.33	35	2.45
14	2.10	20	2.24	26	2.34	40	2.50
15	2.03	21	2.26	27	2.35	50	2.58

* 表中 n 为参加测评的总人数。　　** 表中 K 为肖维涅判据系数。

第二，运用对比法调整测评误差。通过个体与个体的相互比较，群体与群体的相互比较，或以基准点为标准进行比较，也可在一定程度上发现测评误差，校正测评误差。

个体与个体的比较。分析日常工作表现与工作成效相近的个体的测评结果，可发现与排除不同评定人群体的组间误差。

【例 2】张××、李××、王××三人属于三个不同的部门，他们分别由不同评定群体进行评定，三人的素质条件与实绩相当类同，其测评分数如表 12.5 所列。

表 12.5　个体测评成绩对照分析表

被测评者	评定均分	误差范围
张××	71.04	−4.39
李××	75.43	正常
王××	79.97	+4.54

从表12.5的分析结果看，如果确实三个人的基本素质极为相似，评定结果的差异代表了三个群体的评定人各自所掌握标准宽严程度的差别，误差范围需运用经验判断加以修正。

基准点校正。所谓基准点校正是指在部门与部门之间或部门内各同类的组室之间，选择1～2个部门或组室，作为相互比较的标准。被选择的部门或组室称为基准点，它是进行系统性误差修正的参照物。基准点选择时，要求样本群体具有两个基本条件：一是整体素质比较好，高、中、低三个层次的人员结构比较全的部门或组室；二是测评实施比较正常，测评层次曲线比较吻合的部门或组室。

3. 猜测修正

在客观题的测验中，需要解决的一个重要问题是：如何校正被测评者的猜测因素对测评结果的影响，怎样正确评估被测评者的真实状况。

在客观题中，特别是对于是非题和选项数目较少的选择题，猜测会提高被测评者的分数。当被测评者确实不知道正确答案，而每个选项又具有同样的吸引力时，被测评者凭猜测选择正确答案的机会是 $1/n$（n 是每题中选项的数目）。这样，对是非题而言，猜测就能获得50%的分数（因为 $n=2$）；对于四择一的选择题，其猜测正确的概率就为25%，显然大量的猜测就会对是非题和选择题的分数产生很大的影响，有必要对猜测进行校正。

常用的猜测修正公式为

$$S = R - \frac{W}{n-1}$$

其中，S 是正确分数，R 为被测评者答对的题目数，W 为被测评者答错的题目数，n 为选项数目。

使用该公式时，必须分别算出答对及答错的题数，要特别注意不可将答对的题数归并到答错的题数中去。n 的大小应视选项的数目确定。若为是非题，$n=2$，则 $S=R-\frac{W}{2-1}$；若为三择一选择题，则 $S=R-\frac{W}{2}$。

12.3 评定结果的分析

根据定量形式的评定结果，可以对被评人进行定量与定性相结合的个体分析、群体分析以及对参加评定人员的心理倾向进行分析。只有掌握正确的分析方法，才能充分利用评定结果蕴含的信息，得出正确的分析结论。

12.3.1 个体结构分析

个体结构分析即指对某一个被评人，根据他的评定结果进行分析。分析方法主要有：

1. 分布结构分析

在对每个要素评定分布状况进行分析的实际过程中，还根据职务、年龄、文化程度等因素，把参加评定人员划分为若干层次。比较各层次的评定分布状况，可以进一步分析哪些人是这样评价的，哪些人又会是那样评价的，从中发现问题，得出更深刻的认识。

2. 评价水平分析

经过数学运算所得到的各要素平均值，不能直接表示对被评对象的评价水平。例如，某甲“纪律性”和“管理科学知识”两个要素评定结果分别为 70 分和 65 分，不能直接认为前者评价水平高于后者，因为评分还和评定人员对要素内涵的认识和把握评分标准的宽严有关。可以通过以下方法分析评价水平：

一是与评定常模进行比较。汇总各部门和单位大量被评人员的评定结果，经过平均运算后，可以得到反映。人们对评定要素内涵和标准认识统计规律的常模举例，如图 12.3 所示。

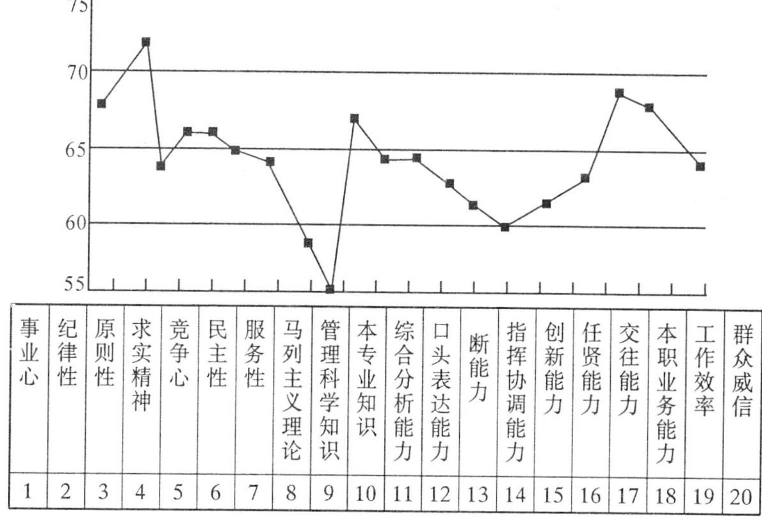

图 12.3　个体结构常模比较分析

评定常模表明：人们对“马列主义理论”、“管理科学知识”要素的评分往往比较低。因为多数人自身素质还不足以深刻理解这两个要素的内涵，并认为要达到高水平是极不容易的。相反，对“纪律性”要素评定时往往只根据有否违法乱纪行为，评分标准把握得比较宽。所以，被评人如果“管理科学知识”得 65 分，“纪律性”得 70 分，对照着评定常模，可以认为他前一要素评价水平比较高而后一要素的评价水平较低。当然，评定常模只表明了一般性统计规律，因各单位的具体情况不同，不能把这种比较绝对化，而只能作为分析各要素评价水平时的参考。

二是与历史资料进行比较。把被评人历次评定结果作为资料保存，再进行评定时，可以把评定结果和历史资料进行比较，分析各要素评价水平的变化情况，从而发现问题，寻找原因，深化认识。但分析时必须考虑参加评定人员范围，评定量表以及各种环境条件变化的影响，并考虑评定的信效度影响，但不能把这种比较绝对化。

12.3.2 群体比较分析

在实际运用过程中，各部门和单位的每次评定中，往往有若干名被评人员。比较他们的评定结果，可以方便有效地对每个被评人员的评定状况进行分析。其方法包括：

1. 可比性分析

分析时只有被评人的评定人员范围基本相同，原始评定的分布状况也基本一致时，他们的平均值评定结果才可以直接进行比较。

2. 名次排列比较分析

分析时要在具有可比性的前提下，比较被评人平均值评定结果的大小，可以直接得到名次排列或类型划分的分析结论。名次排列方法主要有要素评定名次排列、结构评定名次排列和总评定名次排列。

3. 与总均值比较分析

分析时先对每个评定要素计算出所有被评人评定结果分数的总均值，再把每个被评人评定结果分数与总均值进行比较，从而分析其在被评人群体中的“评价位置”。常用的分析比较方法主要为：曲线图形式和 Z 分数形式。

曲线图形式。当被评人较多，评定要素也比较多时，可以先对每个要素计算出所有被评人评定结果的平均值，画在坐标图上，并把这些点连成一条曲线，再把某个被评人的评定结果数值也画在坐标图上，并连成曲线，最后再对这两条曲线进行直观的比较。

【例 1】有 8 个被评人，其中某甲的评定结果和 8 人评定结果的平均值如图 12.4 和表 12.6 所列。

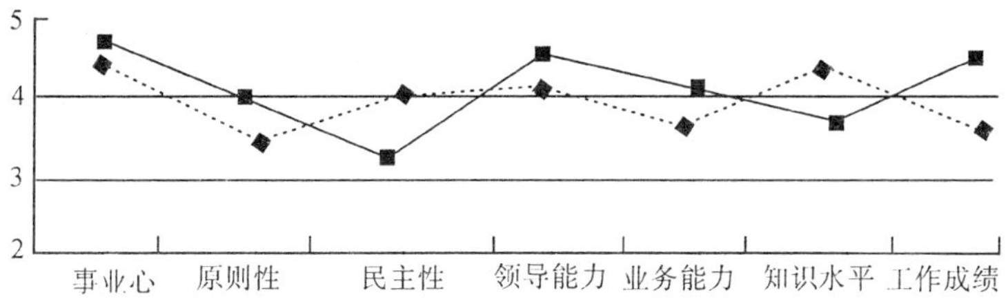

图 12.4　个体得分与均值的曲线图分析法

表 12.6　评定结果分析表

评定要素 / 项目	事业心	原则性	民主性	领导能力	业务能力	知识水平	工作成绩
8人平均值	4.5	3.5	4.0	4.1	3.7	4.4	3.6
被评人甲	4.8	3.9	3.3	4.6	4.2	3.7	4.4

曲线图形象而直观地表明，在对 8 个被评人的评定中，对某甲的民主性要素和知识水平要素的评价比较低，而其他要素的评价比较高，尤其对某甲的领导能力和工作成绩的评价比较高。

Z 分数形式。Z 分数又称为标准分数，是以标准差为单位来度量个体评定结果与总体评定结果平均值之间的差距指标。即

$$Z=\frac{X-\overline{X}}{\sigma}$$

式中：$\overline{X}$，σ——分别为总体评定结果的平均值和标准差；

X——某被评人的评定结果。

【例 2】某单位对 50 名被评人进行量表评定，唐×和陈×是其中两名被评人。经整理后得到评定结果如表 12.7 所列。

表 12.7 唐×和陈×评定结果分析表

项目 要素	50个被评人平均值 $\overline{X}$	50个被评人标准差 σ	原始评定 X		标准差 Z	
			唐×	陈×	唐×	陈×
政治素质	67.2	14.0	75	89	+0.6	+1.5
能力水平	66.9	18.5	79	95	+0.7	+1.5
知识水平	48.3	13.9	73	43	+1.8	-0.4
平均值			75.7	75.7	+1.0	+0.9

Z 分数反映了被评人在某个要素或某类要素评定结果处于总体分布中的位置。当 Z 分数等于零，说明个体评定结果等于总体平均值；当 Z 分数大于零，说明个体评定结果高于总体平均值；当 Z 分数小于零，说明个体评定结果低于总体平均值。Z 分数的绝对值越大，说明个体评定结果与总体平均值偏差越远。但是，Z 分数有正有负，数值也较小，应用不够方便，实际运用过程中，《Z 分数（%）转换表》。该百分数具有这样的实际意义：在被评人总数为 100 人的典型样本时，百分数表明每个人在总体中的位置。如 75% 则表明该被评人评定结果在 100 人总体中处于 74 人之上。《Z 分数（%）转换表》如表 12.8 所列。

表 12.8 Z 分数（%）转换表

Z 分数	（%）	Z 分数	（%）	Z 分数	（%）	Z 分数	（%）
-2.46	0.7	-1.28	10	0.0	50	+1.34	91
-2.33	1	-1.17	12	+0.13	55	+1.41	92
-2.17	15	-1.08	14	+0.25	60	+1.48	93
-2.05	2	-0.99	16	+0.39	65	+1.55	94
-1.96	2.5	-0.92	18	+0.52	70	+1.64	95
-1.88	3	-0.84	20	+0.67	75	+1.75	96
-1.81	3.5	-0.77	22	+0.77	78	+1.81	96.5

续表 12.8

Z 分数	(%)	Z 分数	(%)	Z 分数	(%)	Z 分数	(%)
−1.75	4	−0.67	25	+0.84	80	+1.88	97
−1.64	5	−0.52	30	+0.92	82	+1.96	97.5
−1.55	6	−0.39	35	+0.95	84	+2.05	98
−1.48	7	−0.25	40	+1.08	86	+2.17	98.5
−1.41	8	−0.13	45	+1.17	88	+2.33	99
−1.38	9	0.00	50	+1.28	90	+2.46	99.3

本章重要概念和术语

测评指导语　　　　测评误差

猜测修正

第13章
人员测评信息化

作为一种先进的信息管理工具，计算机技术已经渗透到管理工作的每一个领域，并且发挥着越来越大的作用。利用计算机可以高速、准确地处理大量测评数据和相关信息，提高测评工作的效率。更为重要的是，通过计算机辅助技术，还可设计出人员测评管理信息系统，帮助组织人事部门进行人员测评、管理测评的功能信息存储，实现人事工作的自动化、智能化。

13.1 人员测评与管理信息系统

13.1.1 人员测评工作的现代化

管理现代化的一个重要标志，是以计算机作为实施管理的手段，利用计算机技术，可以设计出人员测评管理信息系统，帮助组织人事部门进行人员测评来管理各类被测人员的功能信息，实现人事工作的管理目标。同时，还可对组织的人力资源进行统一管理。组织可以借助于人员测评管理信息系统，对组织内的各类人员进行统一管理。对于组织中成员的各方面的素质与功能信息，如素质、能力和绩效功能状况等，都可以编写成各种计算机文件，输入计算机系统中。这样，运用计算机技术，就可以根据每个成员的具体素质与功能特点合理地给他们安排不同的工作，提高组织的工作效率。计算机也可以给出关于各类人员的不同素质与功能方面的统计数据，如总体素质的平均水平，某一测评指标的平均水平等等，以便人事部门从整个组织的角度考虑问题，综合平衡组织内的人才配备，对组织的全体成员进行行之有效的统一的管理。

计算机在人员测评中的应用主要表现在：

1．计算被测人员的个人测评得分

第一，用测评字符转换，将测评中的字符输入计算机后转换为分数；第二，求出各个角度测评的平均值；第三，经加权处理后，求出被测人员各测评指标得分，各结构分数与总分。

2．计算被测人员的群体分数

第一，计算出每一类被测人员的素质与功能的平均值；第二，求每一类被测人员的标准差；第三，在被测人员群体内部按得分高低进行排除。

3．储存测评数据

在存储测评数据的同时，可调看任意指定者的全部测评数据。

4．排序

排序可对指定的测评指标从高分到低分任意排序。

5．对被测对象进行分类

分类时根据能级划分的分数区间标准，可以非常方便地查出某分数段的人员及人数。

6．用曲线显示测评结果

对某个被测人员的测评结果可以由计算机打印出测评曲线图，以便更直观地分析被测人员的功能状态。

随着人员测评工作的逐步展开，所需处理的测评信息也越来越大，信息的积累也越来越全，对信息处理的要求也越来越高。电子计算机的广泛运用，为建立人员测评管理信息系统提供了技术条件和物质基础。

人才测评管理信息系统在具体应用时，主要通过对人员功能信息进行收集、处理和储存，在短时间内对这些测评信息进行高质量的处理，辅助人事部门做出合理的人事决策。组织部门如果能引入在设计上符合人员测评工作实际需要的管理信息系统，就能够充分利用现代化的信息管理工具的优势，使组织的人员测评工作走向系统化、科学化和正常化的道路。

13.1.2 人员测评管理信息系统的功能作用

人员测评管理信息系统体现了计算机在管理领域中的最新应用，它能帮助每个成员认识自己各个方面的功能状况和发展潜力，设计便于他们充分发展的职业道路，确定发展目标，编制达到预期目标的计划和战略方案。

人才测评管理信息系统具有以下功能：

1. 介绍系统要求

在这一部分里，测评人员可以了解系统的整体功能及其操作步骤，为使用该系统做好充分准备。测评人员应当了解系统所提供的各种信息的含义，根据要求准备被测人员多方面功能情况的信息。只有做好充分的准备工作才能有效地和准确地使用该系统。

2. 进行素质与功能测定

测评人员根据计算机的提示，将各类被测人员的素质、知识、能力和绩效等功能结构的信息输入计算机，并调用系统中相应的程序模块，对被测人员的素质与功能进行测定。

3. 工作寻查

对于组织中的各种不同的工作或职业，以及对从事这些工作或职业的人员的功能，都已预先编制成文件存放在系统中，测试人员可以调出这些文件进行查寻，选择出与测评结果相一致的，或者是比较接近的工作或职业。

4．测评结果报告

在对被测人员的素质及功能进行全面、细致的测评之后，计算机帮助测评人员总结出测评结果，然后输出一份总结报告。根据这份报告，人事部门可以合理地安排各类人员的工作，便于对组织内的人力资源进行统一规划。

5．信息管理

信息管理工作是人员测评工作的基础。信息管理工作的任务不仅是记录、保存和提供被测人员的功能测评的信息，更重要的是必须按照一定的要求对这些信息进行处理，得出相应的测评结果，并将结果应用于人事管理工作。信息管理工作包括以下内容：

信息收集。即收集人员测评工作中所涉及的被测人员功能方面信息的原始数据，按照要求对这些数据进行识别、组织、数据编码和数据校验。准备工作完成之后，将其输入系统内的有关文件，形成人员功能测评信息。信息处理的质量在很大程度上取决于原始数据的完整性和真实性，因此必须做好信息收集工作。

信息处理。对输入信息进行检查确认无误后，按照一定的格式进行编辑、传输、存储、分类、排序、逻辑运算和统计运算，然后将结果按要求的各种形式打印输出，以满足人事管理工作上的需要。由于这些信息内容具有很大的变动性，所以必须定期对其进行检查、维护和更新，确保系统能提供关于人员功能的最新信息。

信息保护。由人事管理工作的性质所决定，人员功能信息必须进行妥善的保护，增加一些必要的保密措施，如计算机账号、用户口令等，防止组织内外的无关人员有意无意地获得这些组织要密，或者丢失信息。

人才测评管理信息系统还可以协助组织的人事管理工作部门对本组织内的全体成员的功能进行全面和系统的测定，并根据他们的具体功能状况对他们的工作安排进行统一的规划，挖掘出他们的巨大潜力，充分发挥组织内人力资源的整体力量。

13.2 人员测评管理信息系统的开发与设计

13.2.1 人员测评管理信息系统的开发和设计特点

为了搞好人员测评管理信息系统的开发和设计工作，提高人员测评工作的质量，应该掌握系统开发和设计的以下特点：

1. 系统性

系统设计的产品都是应用软件系统，在实际应用中必须和测评人员相结合，才能完成各项人员测评工作。因为人员测评管理信息系统是人—机系统，所以在系统的开发和设计过程中，必须着重解决测评人员与计算机之间的最佳分工与接口问题，这是系统开发和设计工作的重要课题之一。

2. 复杂性

人员测评管理信息系统是一种非常复杂的系统，具有一定的非确定性。管理领域中的任何一项管理任务都会涉及许多组织机构、业务领域以及有关人员，其间关系较为复杂，在相互发生工作关系时，必须针对具体环境条件的变化采取相应的措施。如果要借助计算机来完成相应的管理任务，就必须将事先编制好的计算机程序存放在计算机中，计算机才能在有关人员的控制下有效地工作。随着人事管理科学以及人员测评技术的发展所需建立的人员测评管理信息系统的规模逐渐扩大，功能也逐渐增强，并增加了系统开发和设计的复杂性。对于系统的开发和设计而言，又涉及到计算机硬件设备的选择以及需要用到的各种软件技术、通讯技术、预测技术和计算方法等。此外，系统的开发和设计一般要耗费大量的人力、财力、物力和时间，具有较高的设计难度。

3. 创新性

人员测评管理信息系统的开发和设计是一项创造性的劳动。系统的开发和设计，需要人事管理人员以及测评有关人员的共同努力才能完成。

4. 质量要求高

随着计算机技术的发展，系统设计人员必须根据用户的实际要求进行设计与开发，设计出高质量的产品。新的计算机系统在投入运行之后，必须具有良好的工作质量与经济效果。不仅要能执行旧系统的全部功能，解决旧系统中存在的一些问题，而且还要能满足用户对系统所提出的一些新的和更高的要求。

5. 产品的无形性

系统的开发和设计并不像机械产品等硬件的生产那样，可以对其加工过程直接进行观察、测量和控制。系统中的计算机程序和数据库等都是无形的，除设计人员之外，其他人员难以在短时间内很快地理解和掌握。这些系统的开发和设计，都是设计人员脑力劳动的成果，带有一定的创造性色彩，即使对于同样的设计步骤，不同的设计人员由于经验、技巧和思维方法的不同，设计出来的系统产品也会有所不同。

6. 产品的灵活性

有些产品在创造之前，一般可以先建造一个实体模型，进行样品的实验，最后才进入大批量生产阶段。而人员测评管理信息系统在设计完成之前却无法进行现场试验，设计过程中未能考虑到的各种潜在问题，多种不恰当的决策、计算和推理，都只有在系统投入运行之后才会暴露出来。因此，在系统的开发和设计过程中必须特别重视这一点。

人员测评管理信息系统的开发和设计的上述特点，对系统的开发和设计工作提出了相当高的要求。在系统的开发和设计过程中，必须根据人员测评工作的实际要求，运用系统分析理论，严格遵照系统设计的客观规律，在一定原则的指导下有步骤地进行。与此同时，还应注意设计工作的质量，促进人员测评信息系统的开发和设计的系统化、科学化和现代化。

13.2.2 人才测评管理信息系统的设计原则

人才测评管理信息系统的设计，既要考虑到计算机系统程度所涉及的专业知识，又必须考虑到人员测评工作的实际要求。因而要遵循技术性原则、适用性原则和经济性原则。

1. 技术性原则

第一，系统本身的操作处理采用菜单驱动方式。多数有计算机操作实际经验的人都愿意使用菜单驱动系统，屏幕上在菜单揭示的情况下，只要键入几个数字或字母后就能进入选定的功能模块，操作起来十分简单。

第二，系统的软件在编写时既可以采用程序语言，也可以采用数据库管理系统语言，或者将两种语言结合使用。无论使用何种语言，都必须保证人员测评工作所需的数据和信息的安全性、保密性和一致性。

第三，操作时击键次数量少。在输入标准的数据信息时应该对数据编码体系作合理的分析和设计，尽量做到击键次数最少，既简化操作步骤，又能节省机时，提高系统运行速度。

第四，屏幕设置清晰，易于理解，色彩变化丰富。多种信息以及状态的屏幕显示应当醒目，系统揭示的内容也要容易理解。

第五，错误信息捕捉和错误提示。当输入错误的数据和信息及操作步骤发生错误时，系统应马上捕捉错误信息，并提示操作者改正。系统给出的提示应该简单明了，并能向操作者指出正确的操作方法以及如何进行修正的方法。

第六，整个系统按照不同的功能可划分为若干功能模块，相同内容的数据信息在不同的模块之间应实现信息共享，以提高整个系统的工作效率。

2. 适用性原则

适用性原则要求系统具备以下功能：能存取与人员测评工作有关的各种数据和信息；对图表和报告具有比较强的输出功能；能迅速对单项记录进行查找；便于数据库的维护以及数据更新；具有较好的安全性和保密性。

3. 经济性原则

第一，系统设计时要充分考虑到成本方面的因素。系统应该选择低成本的微型计算机为基础，并以此作为普及目标。

第二，系统安装、调试及数据输入的时间要尽量短，以便提高工作效率。时间因素也是计算成本的一个非常重要的方面。

第三，经济效益要好。一个设计成功的系统应该能为组织解决很多实际问题，提高组织人员测评工作的自动化程度，给组织带来较好的经济效益。

系统设计的技术性原则、适用性原则和经济性原则并不是独立的，应具有密切的联系。例如适用性原则所提出的保密和安全的要求，就要通过技术手段来解决，而具体用什么技术手段来实现，其成本如何，又是一个经济问题。因此，在系统设计时，应充分考虑和遵循以上三个原则。

13.2.3 人才测评管理信息系统的开发设计步骤

1. 可行性研究

可行性研究首先是对组织的规模、经营目标、组织成员情况、原有人员测评工作的状况和以前存在的总问题进行综合考虑，对建立一个新的系统所需的人力、物力、财力和可能带来的经济效益及社会效益进行大致调查，为组织决策部门提供必要的资料，以决定是否有必要进行深入的研究。其次，通过调查，应当对原有系统进行详细的分析，再根据分析的结果，提出新的主要目标、成本和规模，并从政治、经济和技术诸方面进行充分的论证，向组织的主管部门提出可行性研究的初步报告，建立整个开发和设计工作的大体框架和基础。

2. 系统分析

系统分析是在可行性研究的基础上，进一步详细地调查原有系统的工作方式，如各种信息流程、数据流程等，从而具体地确定新系统的目标和功能，提出新系统的逻辑模型。所谓系统的逻辑模型就是根据系统目标和为达目标所需的输入、输出数据或信息，通过系统流程图、数据字典等手段，对新系统的工作方式进行逻辑分析后所提出的系统整体结构，系统和环境的关系以及各个子系统的功能及其相互关系。在系统分析阶段，正确地决定新系统的目标、功能、规模和逻辑模型是十分重要的。系统开发的成败，首先取决于系统的目标是否正确，功能和规模是否合理、可行以及逻辑模型是否符合实际。

系统分析的结果应加以总结，形成一份"系统说明书"。它包括对原有系统的分析，新系统的目标、功能、规模以及逻辑模型，还必须包括对新系统的投资和经济效益的计算和分析。如果组织主管部门认为新系统是可行的，即可开始进行系统的全面设计。

3. 系统设计

系统设计就是根据系统分析说明书制定的系统逻辑模型，完成具体的模块结构设计，即逻辑模型的扩展和优化、文件和数据库的设计、层次结构的模块设计、输入输出方式设计和测评人员与系统的接口等方面。

在系统分析阶段建立的系统逻辑模型，一般只是系统总体一级的模型，在系统设计阶段则要把总体一级的模型逐步扩展并具体化，使所有数据基础上的数据结构、数据存储和处理逻辑等都在数据字典中得到定义，并根据这些定义确定必须的文件结构或设计出相应的数据库。在有了具体的数据库或文件形成之后，进一步按照处理逻辑和数据库把各个子系统划分为具有层次结构的模块，确定每一模块执行的功能和输入输出数据。

系统设计完成后，将成为系统实现的依据。因此必须按照工程的要求，编写出完整准确和标准化的“系统设计说明书”。

4. 系统实现

系统实现就是以系统说明书为依据，从工程上实现具体的系统。系统实现包括计算机设备的购置、安装和调试，用户手册的编写，有关人员的培训及系统测试等。由于在人员测评工作中，计算机一般都是由不很熟悉计算机技术的各级测评人员直接使用，因此系统软件应方便实用，而且输入、输出和屏幕显示应该尽量使用汉字。在系统开发过程中，这一阶段的工作最为复杂，投入的人力和物力也最多。

5. 系统安装运行

系统安装运行是系统真正投入使用阶段的运行。这一阶段包括系统的安装、试运行和正式运行。系统设计完成并且测试合格后，装入计算机中，即可进行试运行。在试运行中，一方面系统的设计部门要进一步检验系统的正确性、合理性、可靠性、安全性和运行效率；另一方面人事管理部门也要对其功能进行全面的验收，为正式运行做好准备。系统试运行时通常采用新旧系统同时工作的方式，经过一段时间的试运行后，如果设计和使用双方都确认系统已经完成，即可正式启用新系统，并取消原有系统。另一种方法是将新系统的各个部分按不同的阶段分别投入使用，使新旧的更替过程能够顺利、平稳地进行，而不会对整个测评工作造成影响，以保证人员测评工作的质量。

一个已经实现的人员测评管理信息系统是否能真正发挥作用，不仅与系统分析、设计和实现的质量有关，也与系统的运行管理的维护工作的质量有关，同时还取决于测评人员的业务水平和计算机操作能力。因此，在系统运行阶段必须重视系统的运行管理和维护以及测评人员的培训工作。系统的运行管理和维护工作包括对系统的改进和调整，实际上这也是系统设计和开发的一个重要环节。

本章重要概念和术语

管理信息系统　　　　信息化

后 记

在新经济的各项发展战略中，人力资源作为最宝贵的资源，已越来越受到政府部门和企事业单位的关注。优秀的人才是一切事业的基石，再好的市场、再好的项目，如果没有适合的员工去开发、去实施、去管理，都是纸上谈兵。因此，如何有效地选拔人才、考核人才、使用人才，已成为人力资源开发与管理的关键所在。在多年的教学、研究和实践的基础上，我们编著了《现代人员测评理论与实务》一书。

本书从人员测评的基础理论、技术方法、实际操作程序等方面展开论述，分为三篇共13章。第一篇为基础篇，介绍人员测评的相关背景、基本原理，对人员测评的概念作了新的界定，扩大了测评的内涵，包括人员测评绪论和基本原理共2章；第二篇为技术篇，介绍和分析人员测评的设计技巧，包括人员测评的指标体系设计与构建、测评标准体系和测评量表的设计与编制、测评信度与效度的检验共3章；第三篇为实务篇，概括了人员测评的实作程序和各种测评方法，包括人格测验、能力测验、能力倾向测验、面试、评价中心法、绩效评估、人员测评组织实施、人员测评信息化共8章。由以上各篇章构成人员测评的多层次立体结构。

本书编写分工如下：第1章（宋奇成），第2章（洪英、宋奇成），第3章（龙健），第4章（龙健、宋奇成），第5章（龙健），第6章（洪英、朱军），第7章（洪英），第8章（刘苓玲、许晓东），第9章（刘苓玲），第10章（朱军、刘苓玲），第11章（刘苓玲），第12章（刘苓玲、宋奇成），第13章（龙健、朱军）。全书由龙健主撰，宋奇成主审。

参考书目与文献

1. Schmitt，Neal. Personnelselectionin Organization. 1993
2. 李如海主编．行政职业能力测试样题解析．北京：中国人民大学出版社，1998
3. 刘远我等编著．实用人才测评技术．北京：经济科学出版社，1998
4. 叶向峰等编著．员工考核与薪酬管理．北京：企业管理出版社，1999
5. 廖泉文主编．人力资源考评系统．济南：山东人民出版社，2000
6. 刘长占等编著．人才素质测评方法．北京：高等教育出版社，2000
7. 朱庆芳主编．心理素质测评．北京：中国人事出版社，2000